JN392983

성공한 사람들은 이미 다 아는

세금 이야기

성공한 사람들은
이미 다 아는

세금 이야기

개인사업자 편

세무회계 선유
천정현, 전송희

다산글방

차례

Part 1 절세의 시작 : 사업자등록

Part 2 사장님들이 제일 싫어하는 세금 : 부가가치세

Part 3 사람 관리가 제일 힘들다 : 원천세

Part 4 개인사업자라면 피해갈 수 없는 세금 : 종합소득세

Part 5 세무사에게 묻는다 : 사장님들이 궁금한 세금 이야기

PART 1

절세의 시작

사업자등록

01 사업자등록만 잘해도 세금이 줄어든다

02 사업자등록에도 시기가 있다

03 누구나 쉽게 할 수 있는 사업자등록,
신용카드 등록, 사업용 계좌 등록

01

사업자등록만 잘해도 세금이 줄어든다

1. 사업자등록에도 가산세가 있다

평소 촬영기기와 영상 편집에 관심이 많던 최모 씨는 퇴근 후 자신의 취미생활을 담은 영상을 유튜브에 올리면서 같은 취미를 가진 이들과 일상을 공유하였습니다. 처음에는 취미로 시작한 일이 점차 사람들의 입소문을 타면서 관련 제품을 판매하는 기업으로부터 광고 문의가 들어오기도 했습니다. 취미로 시작한 일에서 꾸준한 소득이 발생하던 것을 흐뭇하게 바라보던 최모 씨는 어느 날 날아온 세무서의 고지서에 당혹스럽습니다. 소득세를 신고해야 하는지도 몰랐던 최모 씨 입장에서는 억울하기만 합니다.

무심코 사업자등록을 하지 않은 최모 씨가 부담하게 될 세금은 어떤 것들이 있을까요?

우선 그동안 누락한 소득세에 무신고가산세, 납부지연가산세가 덧붙어 부과됩니다. 소득세를 신고하지 않았다면 아마 부가가치세도 신고 누락했을 것입니다. 이에 대해서도 무신고가산세, 납부지연가산세가 붙습니다.

여기서 끝일까요?

아닙니다. 사업자등록을 하지 않은 것에 대해서 미등록 가산세가 추가됩니다.

실제 많은 사람들이 사업자등록을 해야 하는지 모르거나, 작은 금액이라고 무시하고 지나치다 가산세 폭탄을 맞곤 합니다.

① 미등록가산세 (부가가치세법상 가산세)

사업개시일부터 20일 이내에 사업자등록을 신청하지 않은 경우 공급가액에 1%에 해당하는 가산세를 납부하여야 합니다.

② 무신고가산세 (국세기본법상 가산세)

납세의무의 성실한 이행을 위하여 세법에 따라 산출한 세액에 가산하여 징수하는 형식적 조세로 행정벌적 성격을 지니고 있습니다. 일반적인 경우 무신고납부세액에 20%, 부정행위로 인한 경우 무신고납부세액에 40%가 적용됩니다.

③ 납부지연가산세 (국세기본법상 가산세)

납부할 세액을 납부하지 않았거나 덜 납부했을 때 가산되는 세금으로 통상 하루 0.022%가 적용됩니다.[1]

세법에서는 개인이 독립적인 지위에서 영리를 목적으로 계속, 반복적으로 행하는 사업에서 얻어지는 소득을 사업소득으로 봅니다.[2]

여기서 중요한 것은 계속적, 반복적이라는 표현입니다. 세법에서는 실질에 따라 과세하는 것을 원칙으로 합니다.(실질과세원칙) 따라서 명칭에 관계없이 계속적, 반복적으로 소득을 얻는 행위를 한다면 사업자등록을 하고 세금 신고를 해야 합니다.

많은 사람들이 '적은 금액인데 설마 알겠어?' 하는 생각으로 신고를 하지 않습니다. 실제로 사업자등록을 하지 않고 소득세 신고를 하지 않고서도 탈 없이 넘어가는 경우도 있습니다.

그러나 그렇게 한 해를 넘어갔다고 해서 납부해야 할 세금이 없어지지 않습니다. 다음 해에 적발될 경우 오히려 더 많은 가산세가 부과됩니다. 이렇게 몇 년간 가산세가 쌓일 경우 심하면 세금 때문에 사업을 그만두어야 할 상황이 발생하기도 합니다. '설마 걸리겠어?' 하고 세금 신고를 하지 않는 건 매우 위험한 생각입니다.

---

1) 2022년 2월 15일 전까지는 하루 0.025%.

2) 지법2013구함100131.

2. 업태와 종목 선택도 절세가 된다

사업자등록을 하기 위해서는 세무서나 홈택스를 이용해야 합니다. 실제로 사업자등록을 하는 절차는 그렇게 복잡하지 않습니다. 하지만 실제로 사업자등록을 하다 보면 난감한 부분이 발생합니다. 바로 '업태'와 '종목'을 선택하는 부분입니다.

사업자등록 전 세무사를 방문하는 경우에는 세무사가 상담을 통해 가장 유리한 업종과 업태를 알려주는 경우가 많습니다. 그러나 그렇지 않은 경우 세무서 공무원에 일임하거나 홈택스에서 유사한 업종과 종목을 임의로 선택하게 됩니다.

세무서 공무원이 알려주는 업종과 종목을 선택해서 또는 임의로 유사한 업종과 종목을 선택했다고 해서 커다란 문제가 발생하지는 않습니다. 그러나 절세 차원에서 본다면 바람직하지 않습니다.

왜 그럴까요?

우선 단순경비율과 기준경비율에 대해 알아볼 필요가 있습니다. 단순경비율과 기준경비율이란 사업자가 장부를 작성하지 않았을 때 사용되는 개념입니다. 장부를 작성하지 않은 사업자에게는 추계라는 방법으로 세금(종합소득세)을 산정합니다. 수입금액에 일정 비율을 경비로 보아 공제하는 방식입니다. 이때 수입금액에 얼마만큼을 경비로 볼 것인지 산정하는 기준이 되는 요율이 단순경비율, 기준경비율입니다.

여기서 사용되는 단순경비율과 기준경비율은 사업자등록 시에 선택한 업종과 종목에 따라 결정됩니다. 예를 들면 한식 음식점업 단순경비율 89.7 / 기준경비율 10.6, 외국식 음식점업[중식] 단순경비율 88.4 / 기준경비율 11.9, 외국식 음식점업[일식] 단순경비율 86.7 / 기준경비율 10.8 이런 식입니다.

중식도 팔고 일식도 팔고 한식이랑 퓨전도 해서 팔면 경비율을 어떤 것을 써야 할까요?

그나마 음식점업이나 출판 등 전통적인 산업에서는 이런 고민이 덜합니다. 그러나 시시각각 변하는 정보통신업종에서는 더더욱 모호한 경우가 많습니다.

이처럼 유사한 업종과 종목이 있다면 가능하면 단순경비율과 기준경비율을 높은 것으로 선택해도 괜찮습니다. 납세자 입장에서 경비율이 높으면 추계 신고 시 그만큼 경비로 인정받을 수 있는 비율이 높아지니 더 유리합니다.

매출액이 5천만 원인 A 사장님의 경비율은 80%이고, 동일한 매출액을 가진 B 사장님의 경비율이 60%라고 해봅시다. A 사장님은 매출액 5천만 원에 대해서 4천만 원 만큼을 비용으로 인정받습니다. 세금 계산을 한다면 5천만 원에 4천만 원을 차감한 1천만 원에 대해서 세금이 계산됩니다.

반면 B사장님은 A사장님과 같은 5천만 원을 벌었지만 3천만 원 만큼만 비용이 인정됩니다. 과세대상이 되는 금액은 2천만 원입니다. 6% 세율을 가정하면 60만 원 만큼 세금 차이가 납니다.[3]

물론 앞선 예시는 조금 극단적인 가정을 바탕으로 한 것입니다. 선택 가능한 유사 업종 사이에서 이처럼 큰 경비율 차이가 나지는 않습니다.

하지만 업종코드를 잠깐 살펴보는 노력으로 향후 사업이 성장하기까지[4] 상당한 기간 절세를 할 수 있는 것은 분명합니다.

---

3) 편의상 누진세율 등을 고려하지 않았습니다. (단일세율 가정)

4) 참고적으로 계속해서 경비율을 통한 방법으로 세금 신고를 할 수는 없습니다. 경비율을 통한 세금 신고는 매출액이 크지 않은 경우에만 가능합니다. 매출액이 업종별로 정해진 기준금액을 넘어가게 되면 장부작성 의무가 생깁니다. 만약 사업이 성장해서 장부작성 의무가 생겼음에도 경비율을 통해서 세금 신고를 한다면 세금신고를 하지 않은 것으로 보거나(복식부기의무자의 경우) 세금신고를 했더라도 제대로 하지 않은 것으로(간편장부대상자의 경우) 가산세를 부과합니다. 따라서 경비율 선택을 통한 절세는 사업초기에만 유용합니다.

3. 간이과세자가 무조건 유리할까?

"세무사님 간이과세자는 세금을 안 낸다고 하던데, 간이과세자로 사업자 내주세요."
"세무사님 간이과세자가 무조건 더 유리리하다고 들었는데요."

잘못된 이야기입니다.

이제 막 사업을 시작하시는 사장님들에게 가장 많이 듣는 이야기 중에 하나입니다. 그리고 가장 중요하게 상담을 드리는 부분이기도 합니다.

사업자등록을 할 때 사업자는 간이과세자와 일반과세자를 선택할 수 있습니다.[5] 간이과세자는 영세한 자영업자들을 위해 보다 간단한 절차로 부가가치세를 신고할 수 있도록 규정한 법령입니다. 그러다 보니 일반적으로 간이과세자가 일반과세자보다 부가가치세 부담이 적습니다.[6]

---

5) 다만, 간이과세 배제 업종으로 지정된 업종의 경우에는 일반과세자로만 등록 가능합니다.

6) 간이과세자는 연 매출액이 4,800만 원에 미달한다면 부가가치세 과세 면제를 받습니다. 또 일반과세자가 매출액의 10%를 부가가치세로 낸다면 간이과세자는 공급대가(공급가액+부가가

이 때문에 다수의 사람들은 간이과세자는 무조건 일반과세자보다 유리하다고 생각합니다. 그러나 간이과세자가 일반과세자보다 반드시 유리한 것은 아닙니다.

간이과세자는 부가가치세 환급을 받을 수 없습니다. 따라서 사업 초기에 설비투자 등이 집중되어 매입세액이 크게 발생하는 사업자의 경우에는 일반과세자로 사업자등록을 하여 부가가치세를 환급받는 것이 더 유리할 수 있습니다.

2021년부터 간이과세자 범위가 확대되었습니다. 이제는 공급대가 8,000만 원 미만까지 간이과세자로 분류됩니다. 기존 4,800만 원 기준에서 8,000만 원으로 범위가 늘었습니다.[7] 다만 신규로 늘어난 구간(4,800만 원 이상 8,000만 원 이하)에 해당하는 간이과세자에 대해서는 일반과세자와 같이 세금계산서 발행의무가 부여 됩니다. 또 해당 구간의 간이과세자는 일반과세자와 같이 1월1일부터 6월30일까지의 기간에 대해 부가가치세를 신고 납부해야 합니다.[8] 결국 간이과세자 범위는 늘어났지만 늘어난 범위에 해당하는 사업자들에게는 일반과세자와 동일한 의무가 부여되고 있습니다.

치)에 10%를 곱한 금액에 다시 일정율(업종에 따라 15%, 20% 등)을 곱한 금액을 납부합니다.

7) 부가가치세법 제61조(간이과세의 적용 범위)

8) 부가가치세법 제66조(예정부과와 납부)

간이과세자에 대한 의제매입세액공제 규정이 삭제되었습니다. 이젠 음식점업을 영위하던 영세한 사업자들이 주로 공제받던 의제매입세액공제를 더 이상 받을 수 없습니다.[9]

다만 기존에 공급대가 3,000만 원까지 납부의무가 면제되던 것을 공급대가 4,800만 원까지 납부의무가 면제되는 것으로 상향하였습니다.[10] 결국 2021년 세법 개정으로 기존에 간이과세자 구간이던 공급대가 4,800만 원까지 사업자들은 부가가치세 부담이 없어졌습니다.

사실 세법학적으로 간이과세 규정은 부가가치세의 입법 취지에 비춰볼 때 바람직하지 않습니다. 개정세법에 아쉬운 부분도 분명 존재합니다. 그러나 간이과세자 확대로 인한 법리적 부작용을 최소화하면서도 영세한 사업자들을 지원하기 위한 고민이 보이는 개정이라 생각됩니다.

---

9) 부가가치세법 제65조(간이과세자의 의제매입세액 공제) 삭제 2021. 7. 1

10) 부가가치세법 제69조(간이과세자에 대한 납부의무의 면제)

4. 법인 설립이 절세에 도움이 될까?

법인사업자, 개인사업자 어떤 유형이 납세자에게 유리할까요? 실무에서 접하는 많은 사장님들은 무척이나 간단하게 결정을 하곤 합니다. 왠지 법인이라고 하면 큰 사업체를 생각하시는 사장님들은 '이제 막 사업을 시작하는데 무슨 법인이야.' 하고 따져볼 것도 없이 개인사업자로 사업자등록을 하기도 하고, 또 어떤 사장님들은 법인이 개인에 비해서 세금을 적게 낸다는 말만 듣고 무턱대고 법인으로 사업자등록을 진행합니다.

정말 큰 사업체를 운영하는 사장님들만 법인 설립이 가능할까요? 정말 개인보다 법인이 세금부담이 적은 걸까요?

초기 사업의 규모와 관계없이 법인 설립은 가능합니다.

2009년까지는 상법상 최소자본금 규정이 있어서 법인 설립을 위해서는 최소한 5천만 원이 필요했습니다.

최소자본금 규정이 없어진 지 한참이 지났지만 아직도 법인이라고 하면 무조건 어렵게 생각하거나 거대한 업체를 떠올리는 경향이

있는 것 같습니다.[11]

법인을 설립하기 위해서는 다음 몇 가지 필수서류만 준비하면 개인사업자 설립만큼이나 쉽게 법인 설립이 가능합니다.

① 법인 설립 신고서　② 사업자 등록 신청서
③ 임대차계약서　④ 인허가등록증(인허가 사업의 경우)
⑤ 본인 신분증 ⑥ 대리인 신분증
⑦ 법인등기부 등본　⑧ 정관
⑨ 주주명부

밑줄 친 세 가지 서류만 추가로 준비하면 개인사업자 설립이나 법인 설립이나 동일합니다. 법인이라고 해서 무조건 어렵거나 사업규모가 큰 사업자만 하는 것으로 생각하실 필요는 전혀 없습니다.

그렇다면 법인으로 설립하는 것이 개인으로 설립하는 것에 비해 세금 측면에서 더 유리할까요?

개인과 법인의 세율은 다음과 같습니다.

11) 업종에 따라서 여전히 최소자본금이 있는 경우가 있습니다. (건설업 등)

① 개인소득세율[12)]

종합소득 과세표준	세율
1,400만 원 이하	6%
5,000만 원 이하	15%
8,800만 원 이하	24%
1억 5천만 원 이하	35%
3억 원 이하	38%
5억 원 이하	40%
10억 원 이하	42%
10억 원 초과	45%

② 법인세율[13)]

과세표준	세율
2억 원 이하	9%
200억 원 이하	19%
3천억 원 이하	21%
3천억 원 초과	24%

12) 소득세법 제55조(세율)

13) 법인세법 제55조(세율) _ 22년 세제개편안 본회의 통과로 1%씩 세율이 낮아졌습니다.

단순히 세율만 놓고 본다면 법인으로 설립하는 것이 개인으로 설립하는 것보다 더 유리해 보입니다. 법인의 경우 과세표준 2억 원 이하까지 9% 세율로 과세되지만 개인의 경우 종합소득금액이 4,600만 원만 넘어도 15% 세율이 적용되기 때문입니다.[14)]

하지만 단순히 세율만 놓고 법인이 더 유리하다고 판단해서는 안 됩니다.

개인사업자의 경우 사업에서 벌어들이는 소득에 대해 비교적 자유롭게 사용할 수 있습니다. 반면 법인사업자의 경우 사업에서 벌어들이는 소득은 우선 법인에 귀속됩니다. 그리고 그렇게 법인에 귀속된 소득을 대표자가 가져올 때에는 근로소득, 배당소득 등으로 다시 일정 부분 조세를 부담해야 합니다.

---

14) 간혹 세율에 대해 오해를 하는 경우가 있습니다. 자주 발생하는 오해 몇 가지를 짚고 넘어가고자 합니다.

① 옆집 김사장하고 매출액도 차이가 안 나는데 난 왜 더 높은 세율을 받아!

같은 매출액이라고 하더라도 세율에 차이는 충분히 발생할 수 있습니다. 세율 적용에 대상이 되는 금액을 과세표준이라고 하는데 이는 매출액에서 각종 비용을 모두 차감한 다음에 남은 금액입니다. 즉, 같은 매출액이라고 하더라도 차감되는 비용이 다르다면 적용받는 세율도 당연히 달라집니다.

② 여기서 매출을 더 늘리면 세금이 더 늘어나는데 매출을 일으키지 말까?"

우리나라 세율은 누진세율이라고 합니다. 만약 1,500만 원이 과세표준이 된다면 세율은 15%를 적용받습니다. 하지만 1,500만 원 전체에 대해서 15% 세율이 아닙니다. 1,400만 원까지는 6%를 적용하고 1,400만 원을 초과하는 100만 원에 대해서 만큼만 15%가 적용됩니다. 많이 버시는 것이 무조건 더 유리합니다.

대표자가 법인의 이익을 마음대로 사용한다면?

세법에서는 해당 인출금은 대표자에게 법인이 빌려준 돈으로 봅니다. 이른바 가지급금입니다. 이런 관점은 법 '인(人)'도 법적으로 인격을 부여받은 사람으로 보기 때문입니다.

가지급금이 발생하면 법인은 대표자에게 빌려준 돈에 대해서 인정상여, 지급이자손금불산입[15] 과 같은 제재를 받습니다.(추가적인 세금부담이 발생합니다.) 그리고 대표자는 이에 대해서 별도로 소득세를 부담하게 됩니다.

세무사 수수료도 달라집니다. 세무회계 사무실마다 차이는 있지만 일반적으로 개인사업체 기장료에 비해 법인사업체 기장료가 5만원에서 10만 원 정도 더 크게 책정됩니다. 개인사업체에 비해 법인일 때 세무적으로 고려해야 할 부분이 더 많기 때문입니다.

많은 사장님들이 이런 사실들을 사전에 잘 알지 못합니다. 그리고 막연히 법인이 개인사업자에 비해 세금을 적게 납부한다는 이야기만 듣고 법인으로 전환을 결정하시곤 합니다.

실제 실무를 하다 보면 무턱대고 법인으로 전환을 했다가 법인에 쌓인 잉여금을 어떻게 가져올지 골머리를 앓고 있는 사장님들을 종종 봅니다.

---

15) 법인세법 제28조(지급이자의 손금불산입)

가지급금 해결을 위한 컨설팅이 별도로 존재할 만큼 가지급금 문제는 법인 사업자에게 고질적인 문제입니다. 이와 관련된 문제로 세무사를 찾는 사장님들도 많습니다.

따라서 사업자등록 시 개인사업자로 할지 법인으로 할지는 이런 사정들을 종합적으로 판단하여 신중히 결정하는 것이 바람직합니다.

* 개인사업자로 창업을 하신 경우라면 일반적으로 세무사 사무실에서 매출 규모를 보고 법인 전환 시기를 조언해드리곤 합니다.

구분	개인사업자	법인사업자
설립비용	거의 없음	등기 비용 등 발생
자금인출	제약 거의 없음	제약 있음
세율	6~45%	9~24%

5. 동업이 세금을 줄이기도 한다

개인사업자 사업자등록 시 절세적인 측면에서 본다면 괜찮은 방법이지만 사업적인 측면에서는 추천해드리고 싶지 않은 방법이 있습니다. 바로 동업입니다.

한 사업에서 동일한 소득을 얻는다면 동업을 하는 경우가 혼자 사업을 하는 경우보다 세금적인 측면에서는 더 유리합니다.

예를 들어, 사업을 통해 1억을 얻는 경우를 생각해봅시다. A 사업은 혼자서 사업을 하고, B 사업은 갑, 을 두 명이서 사업을 합니다. (약정한 손익분배비율 50%)

A 사업을 하는 사람이 부담할 세금은 20,100,000원입니다.[16] 반면, B 사업을 하는 갑과 을이 부담할 세금은 각각 6,780,000원입니다.[17] 갑과 을의 세금을 합치면 13,560,000원이니 혼자 사업을 하는 것보다 동업을 했을 때 6,540,000원 만큼 더 세금이 줄어드는 것을 확인할 수 있습니다.

---

16) 인적공제 등 다른 요건 모두 없다 가정(19,560,000원_2023년 1월 1일 이후 발생하는 소득부터).

17) 6,240,000원 2023년 1월 1일 이후 발생하는 소득부터.

이렇게 차이가 나는 이유는 소득세가 초과누진세율 구조로 되어 있기 때문입니다. 소득세 과세표준 금액이 일정 금액을 넘어가면 초과분에 대해서 적용받는 세율이 달라집니다. A 사업을 하는 사람의 경우 과세표준이 1억이므로 최대 35% 세율을 적용받지만, B 사업을 하는 갑과 을의 과세표준은 5천만 원(1억×50%)으로 최대 24% 세율을 적용받습니다. 소득금액이 증가하면 할수록 혼자 사업을 할 때보다 줄어드는 세금이 눈에 띄게 줄어듭니다.

이런 이야기를 사장님들에게 하면 손익에 밝은 사장님들은 대뜸 가족 구성원을 동업자로 등록해서 세금부담을 줄이려고 합니다. 그러나 주의해야 합니다. 세법에서는 편법적인 방법을 통해 조세를 회피하는 행위를 방지하고자 별도의 규정을 두고 있습니다. 일정 요건에 해당하는 경우 조세회피를 목적으로 한 동업으로 보고 합산하여 과세하는 규정이 바로 그것입니다.[18]

공동사업 합산과세는 과세기간 종료일 현재 거주자 1인과 친족관계, 경제적 연관관계, 경영지배관계에 있는 자로서 생계를 같이 하는 자와 조세회피목적으로 공동사업으로 하는 경우에 적용되는 규정입니다. 공동사업 합산과세에 해당하게 되면 더 이상 손익분배비율에 따라 소득을 나누지 않고 손익분배비율이 제일 큰 사람의 소득으로 보아 과세를 합니다.

---

18) 소득세법 제43조(공동사업에 대한 소득금액 계산의 특례)

구분	내용
합산사유	① 신고 시 제출한 서류가 사실과 다른 경우. ② 조세회피목적으로 공동사업을 경영하는 것으로 확인되는 경우.
대상소득	사업소득에 한정하여 적용.
요건	거주자 1인과 친족관계, 경제적 연관관계, 경영지배관계에 있는 자로서 생계를 같이 하는 자
내용	손익분배비율이 제일 큰 사람의 소득으로 보아 합산과세

상기 내용을 잘 파악하고 있다면 동업을 통해 충분히 절세가 가능합니다.

하지만 그럼에도 가능하면 동업을 추천드리지 않습니다. 여러 사장님들과 이야기를 하다보면 세금을 떠나 여러 가지 이유로 동업자 간에 불화가 생기는 경우를 많이 봅니다.

어떻게 하면 절세를 할까 고민하다 보면 세금 외적인 측면을 간과할 수 있습니다. 동업 결정도 보다 신중하게 하셨으면 하는 바람입니다.

만약 동업을 하기로 결정하셨다면 동업계약서를 꼭 작성하는 것이 좋습니다. 여기에는 각자의 업무영역, 겸직 가능 여부, 출자 방법, 지분율, 손익분배비율이 들어가는 것이 좋습니다. 특히 가능하면 동업계약 해지나 종료 방법에 대해서 명시할 것을 권해드리고 싶습니다. 이런 약정이 없으면 동업계약 종료와 함께 기나긴 법정 갈등이 시작될 수 있습니다.

02

사업자등록에도 시기가 있다

1. 시기를 놓치면 공제를 받을 수 없다

사업자등록은 가능하면 미리미리 하는 것이 좋습니다. 자칫 기간이 지나 매입세액공제를 받지 못할 수 있기 때문입니다. 원칙적으로 사업자등록 전의 매입세액은 공제받을 수 없습니다.[19]

19) 부가가치세법 제39조 (공제하지 아니하는 매입세액)

부가, 2009헌바319 , 2011.03.31

[제 목]

사업자등록 전 매입세액의 불공제는 합헌임

[요 지]

부가가치세 매출세액에서 사업자등록 전 매입세액의 공제를 허용하지 않는 부가가치세법 법률조항이 재산권을 침해한다고 볼 수 없고, 부가가치세의 기본 원리 및 이중처벌금지원칙을 위반하였다고 할 수 없음

그러나 현실적으로 사업자들이 이런 세법 규정을 모두 인지한 상태에서 사업을 시작하는 것을 기대하기 어렵습니다. 또 거래의 투명성 확보라는 부가가치세 입법 취지에 비추어 보아도 단순히 사업자등록 과정을 거치지 않다는 사유만으로 이를 엄격하게 적용하기에는 무리가 있습니다.

이런 사정을 반영하여 세법에서는 공급시기가 속하는 과세기간이 끝난 후 20일 이내에 등록을 신청한 경우에는 등록신청일부터 공급시기가 속하는 과세기간의 기산일까지 역산한 기간 내의 매입은 공제해주고 있습니다.

부가, 서면-2016-부가-5380 [부가가치세과-248], 2017.01.31

[제목]
사업자등록 전 지출한 비용에 대한 매입세액공제 여부

[요지]
등록 전 매입세액은 불공제하나 부가가치세법 제39조 제1항 제8호 단서 조항에 해당하는 경우에는 매입세액을 공제함

[회신]
사업자가 「부가가치세법」 제8조에 따른 사업자등록을 하지 아니하고 과세 사업과 관련하여 공급받은 재화 또는 용역에 대한 부가가치세 매입세액은 매출세액에서 공제되지 아니하나, 같은 법 제39조제1항제8호 단서 조항에 해당하는 경우 해당 과세 사업과 관련된 매입세액은 매출세액에서 공제받을 수 있는 것입니다. 다만, 사업자 등록 전에 발생한 매입세액이 과세사업과 관련된 지출에 대한 매입세액에 해당하는지는 사실판단할 사항입니다.

예를 들어 4월 1일에 개업을 한 개인사업자가 있다고 가정을 해봅시다. 정상적으로 4월 1일자로 사업자등록을 한다면 개업 이후의 부가가치세 매입세액에 대해서 모두 공제가 가능합니다.

그런데 만약 4월 1일이 지나 사업자등록을 하게 된다면 어떻게 될까요? 개인사업자의 1기 과세기간은 1월부터 6월까지이므로 7월 19일 사업자등록을 한다면 4월 1일 이후 지출한 금액에 대해 매입세액 공제를 받을 수 있습니다. 반면 7월 21일에 사업자 등록을 한

다면 4월 1일분에 대한 매입세액공제는 받을 수 없습니다. 참고적으로 4월 1일 신규로 사업을 개시한 사업에 대한 예시를 아래 제시하였습니다.

등록 시기	공제 여부
6월1일	1기 (4월1일부터 6월30일까지) 공제 가능
7월19일	1기 (4월1일부터 6월30일까지) 공제 가능
7월21일	2기 (7월1일부터 12월31일까지) 공제 가능

만약 사업개시일인 4월 1일 이전에 사업자등록을 하면 어떻게 될까요? 신규사업자의 경우에는 사업개시일 이전에도 사업자등록이 가능합니다.[20] 가능하면 미리미리 사업자등록을 하라고 강조하는 이유입니다.

참고적으로 사업자등록을 하면 신청일로부터 2일 이내(토요일, 공휴일, 근로자의 날 제외)에 사업자등록증이 발급됩니다. 다만 예외적으로 세무서에서 확인이 필요하다고 인정되는 경우에는 5일 연장이 가능합니다. 이 경우 신청일로부터 7일 이내 발급됩니다.[21]

20) 부가가치세법 제8조 제1항

21) 부가가치세법 시행령 제11조 제5항

2. 주택임대사업자는 구청에도 등록해야 한다

주택임대사업자의 경우에는 세무서에 하는 사업자등록 외에 지자체에 임대사업자 등록을 할 필요가 있습니다. 요건을 충족한 주택임대사업자의 경우 각종 세제혜택을 주고 있는데 그중 필수적으로 요구하는 요건 중 하나가 바로 지자체 임대사업자 등록이기 때문입니다.

예를 들어, 소형주택임대사업자에 대한 세액감면[22] 규정의 경우 임대주택 종류에 따라 소득세 또는 법인세에 30%, 75%에 해당하는 세액을 감면해줍니다. 그런데 만약 세무서에만 등록을 하고 지자체에 등록하는 것을 깜박했다면, 해당 세제 혜택은 받을 수 없습니다.

예시로 든 규정 외에도 주택임대사업자에 대해서는 다양한 세제 혜택이 있습니다. 따라서 주택임대사업자로 사업자등록을 하고자 한다면 꼭 잊지 말고 지자체에 임대사업자 등록을 해야 합니다.

최근 부동산 가격이 급등하면서 주택임대사업자에 대한 세제 혜택을 줄이는 방향으로 논의가 이루어지고 있습니다. 불과 몇 해 전만 해도 임대사업자 등록을 장려하면서 각종 세제 혜택을 제시했던 것

22) 조세특례제한법 제96조(소형주택 임대사업자에 대한 세액감면)

과는 사뭇 대조적입니다.(이마저도 22년 정권 교체와 맞물려 다시금 개정의 움직임이 나타나고 있습니다.)

세무사들도 따라가기 힘들 만큼 관련 세법 개정이 잦습니다. 특히나 주택임대사업을 한다면 바뀌는 규정에 관심을 가지고 보다 꼼꼼하게 주의를 기울여 손해를 보는 일이 없어야 합니다.

03

누구나 쉽게 할 수 있는 사업자등록, 신용카드 등록, 사업용 계좌 등록

1. 10분 홈택스 가입, 사업자등록 하기

지금까지 사업자등록을 왜 해야 하고 어떻게 하는 것이 조금이라도 납세자에게 유리한지에 대해 살펴보았습니다. 이제는 사업자등록을 하는 절차에 대해 알아보겠습니다.

사업자등록은 세무서를 방문해서 하는 방법과 홈택스를 이용하는 방법이 있습니다. 개인적으로는 대면 접수를 선호합니다. 인터넷을 통한 경우 기재를 실컷 해뒀는데 프로그램을 설치해야 한다고 뒤로 돌아가라고 하거나, 정말 형식적인 요건 하나까지 다 납세자가 입력해야 하는 번거로움이 있습니다.

세무서에서 신청하는 경우 번거로운 부분은 공무원분들이 처리해 주십니다.[* 그래도 업종이나 업태와 같이 세액과 관련될 수 있는 부분은 본인이 꼭 챙기셔야 합니다] 최근에는 홈택스가 계속 개선되면서 이런 번거로움이 많이 줄어들었습니다.

홈택스에서 사업자등록을 하기 위해서는 우선 홈택스에 가입할 필요가 있습니다. 홈택스에서는 전자 세금계산서, 현금영수증 등 사업과 관련된 자료를 볼 수 있습니다. 따라서 세무서에 방문해서 사업자등록을 한 경우에도 홈택스 가입은 꼭 하셔야 합니다.

세무사에게 기장 의뢰를 맡길 때에도 홈택스를 통해서 수임동의를 하면 매우 편합니다. 공인인증서를 가지고 기장을 맡기려는 세무사 사무실을 찾아가면 세무사 사무실에서 가입 절차를 도와드리기도 합니다.

가입절차는 생각보다 간단합니다. 홈택스(hometax.go.kr)에 접속하신 후 상단에 회원가입을 눌러 진행하시면 됩니다.

홈택스에 가입을 하셨다면 이제는 사업자등록 차례입니다. 홈택스를 통한 사업자등록은 홈택스 상단에 「신청/제출」→「사업자등록신청」을 통해서 할 수 있습니다. 해당 탭을 통해 들어가면 간단한 인증 절차를 요구합니다. 공인인증서나 카카오톡 등을 통해 인증이 가능합니다.

인증 후에는 별표가 있는 필수입력 사항을 입력해 나가면 됩니다. 상호, 주민등록번호 등이므로 별다른 무리 없이 입력하실 수 있으십니다. 사업장 소재지의 경우 임대차계약을 맺은 상가 등의 주소를 입력하되 자택에서 사업을 하는 경우 자택을 주소로 입력해도 무방합니다. (사업자등록에 임대차계약이 필수는 아닙니다.)

유의하실 사항으로 앞서 이야기했던 업종 및 업태 선정입니다.

전체업종 내려받기를 하면 업종별로 코드 번호를 볼 수 있습니다. 자신의 사업과 가장 유사한 업종코드를 몇 가지 선정합니다.

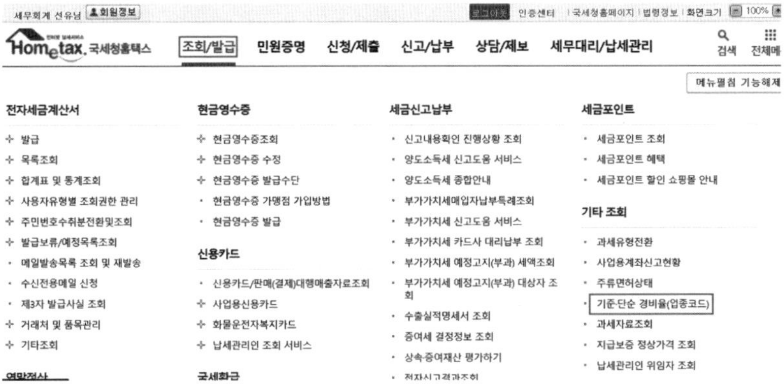

「조회/발급」→「기준단순 경비율(업종코드)」에 들어가시면 자신이 선택한 업종코드에 해당하는 경비율을 확인할 수 있습니다. 유사한 업종코드가 여러 개가 있다면 가능하면 높은 경비율을 선택하는 것이 유리합니다.

다음으로 개업일자를 작성하는 란이 있습니다. 개업일자는 사업자등록을 한 날이 아닙니다. 개업 준비를 하면서 발생했던 부가가치세 매입세액 공제를 받기 위해서는 사업자등록 전 사업 준비 시작 기간을 개업일자로 작성하는 것이 바람직합니다.

2. 홈택스 신용카드 등록하기

법인의 경우 법인 명의로 만든 신용카드는 홈택스에서 바로 조회가 가능합니다. 반면 개인의 경우에는 별도로 사업용 신용카드를 등록하면 세금을 조금이라도 줄이는 데 도움이 될 수 있습니다.

사업용 신용카드를 등록하면 자료를 누락하여 비용으로 인정받지 못할 위험을 최소화 할 수 있기 때문입니다.

대표자 또는 기업 명의의 신용카드, 체크카드, 기명으로 전환된 충전식 선불카드로서 지역화폐 및 기프트카드의 경우 등록이 가능합니다. 반면 가족카드나 단순 기프트카드, 충전식선불카드, 직불카드, 백화점전용카드는 사업용신용카드로 등록할 수 없습니다.

가끔 사업용신용카드로 사용된 모든 거래가 부가가치세 매입세액공제를 받을 수 있다고 생각하시는 사장님들이 계십니다. 사업용신용카드로 사용했다고 해도 특정 거래는 불공제됩니다.

해당 내용은 후술할 2장의 4-5 〈매입세액으로 공제하지 않는 항목은 열거되어 있다.〉 편(112p)에서 자세히 다루겠습니다.

세무회계 선유님 회원정보
로그아웃 인증센터 국세청홈페이지 법령정보 화면크기 100%
Hometax, 국세청홈택스
조회/발급 민원증명 신청/제출 신고/납부 상담/제보 세무대리/납세관리
검색 전체메뉴
메뉴펼침 기능해제
전자세금계산서
발급
목록조회
합계표 및 통계조회
사용자유형별 조회권한 관리
주민번호수취분전환및조회
발급보류/예정목록조회
메일발송목록 조회 및 재발송
수신전용메일 신청
제3자 발급사실 조회
거래처 및 품목관리
기타조회
현금영수증
현금영수증조회
현금영수증 수정
현금영수증 발급수단
현금영수증 가맹점 가입방법
현금영수증 발급
신용카드
신용카드/판매(결제)대행매출자료조회
사업용신용카드
사업용신용카드 등록
매입세액 공제 확인/변경
매입세액 공제금액 조회
세금신고납부
신고내용확인 진행상황 조회
양도소득세 신고도움 서비스
양도소득세 종합안내
부가가치세매입자납부특례조회
부가가치세 신고도움 서비스
부가가치세 카드사 대리납부 조회
부가가치세 예정고지(부과) 세액조회
부가가치세 예정고지(부과) 대상자 조회
수출실적명세서 조회
증여세 결정정보 조회
상속증여재산 평가하기
세금포인트
세금포인트 조회
세금포인트 혜택
세금포인트 할인 쇼핑몰 안내
기타 조회
과세유형전환
사업용계좌신고현황
주류면허상태
기준·단순 경비율(업종코드)
과세자료조회
지급보증 정상가격 조회
납세관리인 위임자 조회

3. 사업용계좌 등록하기

사업자등록, 신용카드 등록까지 마쳤다면 이제는 사업용계좌를 등록할 차례입니다. 사업용계좌 등록은 사업자등록처럼 개인사업자라면 필수적으로 이행해야 할 사항 중에 하나입니다.[23)]

사업자는 거래 대금을 금융회사 등을 통하여 결제하거나 결제받는 경우, 인건비 또는 임차료를 지급하거나 지급받는 경우 사업용계좌를 사용해야만 합니다. 만약 사업용계좌를 등록하지 않거나 사용하지 않으면 대상금액에 1천분의 2에 해당하는 가산세가 부과됩니다.[24)] (복식부기 대상자 기준)

가산세에서 끝나지 않습니다. 사업용계좌를 등록하지 않으면 각종 세액 공제 감면 대상에서 배제되기도 합니다.

사업용계좌 등록 방법은 매우 간단합니다. 홈택스에서 「신고/납부」 → 「사업용계좌개설」 탭을 누르면 손쉽게 등록이 가능합니다.

---

23) 소득세법 제160조의5(사업용계좌의 신고·사용의무 등)

24) 소득세법 제81조의8(사업용계좌 신고·사용 불성실 가산세)

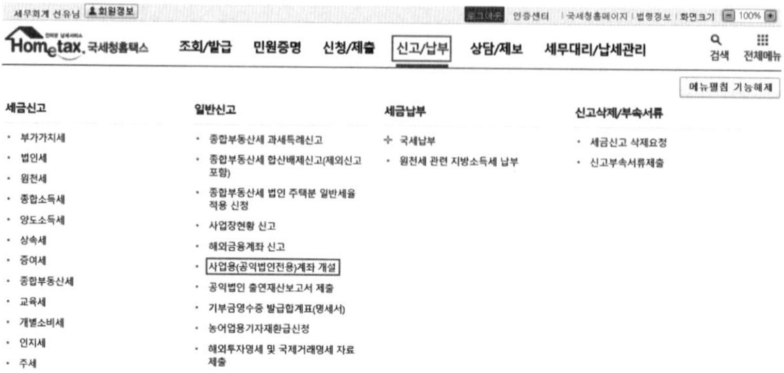

사전-2021-법규소득-1714 2022.05.20

[제 목]

사업용계좌의 신고의무를 부담하는 자가 그 의무를 이행하지 아니한 경우「조세특례제한법」제6조에 따른 감면 적용여부.

[요 지]

복식부기의무자에 해당하는 과세기간의 개시일부터 6개월 이내에 사업용계좌를 신고하여야 할 사업자가 이를 이행하지 아니한 경우, 당해 사업자는 해당 과세기간에 대하여「조세특례제한법」제6조에 규정된 창업중소기업 등에 대한 세액감면을 적용하지 아니하는 것임.

PART 2

사장님들이 제일 싫어하는 세금

부가가치세

01 부가가치세는 부가가치세로 끝나지 않는다

02 부가가치세법 알고 보면 어렵지 않다

03 부가가치세는 언제 신고하고 언제 납부할까?

04 부가가치세도 절세가 가능할까?

01

부가가치세는 부가가치세로 끝나지 않는다

1. 부가가치세를 모르고는 사업을 할 수 없다

초보 사장님들이 가장 어렵게 생각하는 세금을 손꼽으라고 한다면 단연 부가가치세입니다. 부가가치세는 기장을 의뢰한 사장님들이 평소에 제일 많이 자문을 요청하는 부분이면서 또 가장 납득시켜드리기 힘든 세금이기도 합니다. 이렇게 많은 사장님들이 어렵게 생각하고 궁금해 하고 또 이해하지 못하는 데는 부가가치세가 다른 소득세나 법인세 등과는 사뭇 다른 구조로 이루어져 있기 때문입니다.

여기서는 알아두면 조금은 쓸모 있는 부가가치세의 여러 잡다한 설명들을 우선 해볼까 합니다.

"부가가치세는 소비자가 내는 세금입니다."라는 말을 들어본 적 있으신가요? 아마 마음에 와 닿지는 않으시겠지만, 일단 세법학적으로는 그렇습니다.

예를 들어, 원자재를 100원에 구입해서 제품으로 만든 후에 소비자에게 1,000원에 파는 사업자가 있다고 생각해봅시다. 여기에 부가가치세가 포함된다면 100원에 구입했던 원자재를 110원(100원+부가가치세 10원)에 사게 될 것입니다. 이렇게 매입하면서 부담한 부가가치세를 부가가치세 매입세액이라고 하며 불공제대상이 아닌 이상 납부할 부가가치세에서 공제합니다. 즉 돌려받는다는 이야기입니다. 미리 내고 신고기간에 공제의 형태로 돌려받는 개념입니다.

1,000원에 판매하던 제품에 대해서도 마찬가지입니다. 이제 부가가치세가 생겼으니 1,000원에 팔면 부가가치세가 없었을 때 기대했던 이윤을 얻을 수 없습니다. 따라서 사업자는 물건 값에 부가가치세 10%를 포함 시켜 1,100원에 판매합니다. 이렇게 추가된 100원을 부가가치세 매출세액이라고 하고 납부하여야 할 세액을 구성합니다.

해당 거래가 동일 과세기간에 발생했다면 사업자는 매출세액 100원에서 매입세액 10원을 차감한 90원을 납부하게 됩니다.

이론적으로 보면 구입할 때 냈던 부가가치세 10원은 돌려받고 내야 할 부가가치세 100원은 물건 값에 얹었으니 사업자는 아무런 부담이 없습니다. 부가가치세는 소비자가 내는 세금이라는 말이 나온 이유입니다. 이론 공부만 열심히 한 조세 관련 종사자들이 사장님들의 볼멘소리를 이해하지 못하는 이유이기도 합니다.

그러나 '부가가치세는 어차피 소비자가 내는 세금이니 사장님들은 억울해하지 마세요.' 라는 말이 성립하려면 애초 1,000원에 팔던 물건이 부가가치세가 붙어 1,100원에 판매되었을 때 가능한 말입니다. 하지만, 실상 세금 더 붙는다고 가격을 마음대로 올릴 수 있는 건, 가격이 올랐을 때 수요의 가격탄력성이 0에 수렴하는 극히 예외적인 제품에나 해당하는 소리입니다.

소비자가 내는 세금이라는 세법학적 논리가 경제학 이론으로, 또 실무적으로 보았을 때는 불합리하지 않나 생각해봅니다. 물론 중요하지 않습니다. 우리는 사장님도 내는 세금으로 생각하고 억울해하면서 절세 방법을 찾아볼 것입니다.

2. 법인세, 소득세도 부가가치세에서부터 시작한다

개인적으로 신입 세무사를 교육할 때는 늘 가장 먼저 전체적인 틀을 머릿속에 짜주는 일부터 시작합니다. 세법에서는 한 해 동안 이루어지는 각각의 신고가 서로 연관되어 밀접하게 관련되어 있기 때문입니다.

각각의 신고가 어떻게 맞물리는지 모르면 매칭되지 않는 신고내역을 보고 세무서에서 해명이나 세무조사가 나오기도 합니다.

기중에 신고한 부가가치세는 법인세(소득세)에서 매출(수입금액)의 기초가 됩니다. 부가가치세 신고기간 동안 ① 세금계산서 발행분, ② 매입자발행 세금계산서, ③ 신용카드·현금영수증 발행분, ④ 기타(정규영수증 외 매출분), ⑤ 영세율 세금계산서 발행분, ⑥ 영세율 대상으로 세금계산서를 발행하지 않는 항목은 사업자의 부가가치세 매출세액을 구성합니다.

그러나 이렇게 집계된 금액은 부가가치세에서 끝나지 않습니다. 일반적으로 상품을 판매했다면 매출 분개는 다음과 같이 나타날 것입니다.

매출채권 110 / 매출 100 / 부가가치세 10

당연한 이야기겠지만 부가가치세를 통해서 매출을 확인할 수 있습니다. 그리고 이렇게 매 부가가치세 신고기간마다 집계된 부가가치세 자료를 통해 확인할 수 있는 매출은 법인세(소득세) 매출의 기초가 됩니다. (영업외수익도 있을 수 있기 때문에 부가가치세 신고 금액이 100% 매출액이 되는 것은 아닙니다.)

전자세금계산서가 보편화되었음에도 간혹 부가가치세 부담 때문에 부가가치세 매출세액을 누락해서 신고하고자 하시는 사장님들도 계십니다. 부가가치세 매출세액을 누락시키는 것은 부가가치세에서 끝나는 것이 아니라 법인세(소득세) 신고에도 동시에 영향을 미칩니다.

적발 시 부가가치세법에 따라 세금계산서 관련 가산세, 과소신고가산세, 납부지연가산세가 부과되고 여기에 더해서 법인세(소득세)법에 따른 과소신고가산세, 납부지연가산세가 추가로 부과됩니다. 빨리 적발이 되면 차라리 낫습니다. 몇 년이 흐른 후에 이런 사실이 발견된다면 부가가치세법상, 법인세(소득세)법상 납부지연가산세가 눈덩이처럼 불어나게 됩니다.

부가가치세는 한 사업자의 매출세액이 거래상대방의 매입세액을 구성합니다. 만약 사업자가 매출세액을 신고하지 않는다면 거래상대방의 매입세액만 세무서에 덩그러니 신고가 됩니다. 매출 누락이 쉽게 적발되는 이유입니다.

더욱이 최근에는 일정 요건을 충족한 사업자에 대해서는 전자세금계산서 발행이 의무화되어 있습니다. 또 세무서에서도 매출누락을 적발하는 기술이 갈수록 발전하고 있습니다. 매출누락 등 부가가치세 신고 불성실은 언젠간 적발되어 법인세(소득세)에 따른 가산세까지 부과될 수 있음을 명심하여야 합니다.

■ 부가가치세법 시행규칙 [별지 제21호서식] <개정 2022. 3. 18.> [시행일: 2022. 7. 1.] 제4쪽의 (55)

홈택스(www.hometax.go.kr)에서도 신청할 수 있습니다.

일반과세자 부가가치세 [ ]예정 [ ]확정 [ ]기한후과세표준 [ ]영세율 등 조기환급 신고서

※ 뒤쪽의 작성방법을 읽고 작성하시기 바랍니다. (4쪽 중 제1쪽)

관리번호					처리기간	즉시
신고기간	년 제 기 (월 일 ~ 월 일)					
사업자	상 호 (법인명)		성 명 (대표자명)		사업자등록번호	- -
	생년월일		전화번호	사업장	주소지	휴대전화
	사업장 주소			전자우편 주소		

① 신 고 내 용

구	분			금 액	세율	세 액
과세 표준 및 매출 세액	과세	세금계산서 발급분	(1)		10 / 100	
		매입자발행 세금계산서	(2)		10 / 100	
		신용카드·현금영수증 발행분	(3)		10 / 100	
		기타(정규영수증 외 매출분)	(4)		10 / 100	
	영세율	세금계산서 발급분	(5)		0 / 100	
		기 타	(6)		0 / 100	
	예정 신고 누락분		(7)			
	대손세액 가감		(8)			
	합계		(9)		㉮	
매입 세액	세금계산서 수 취 분	일 반 매 입	(10)			
		수출기업 수입분 납부유예	(10-1)			
		고정자산 매입	(11)			
	예정 신고 누락분		(12)			
	매입자발행 세금계산서		(13)			
	그 밖의 공제매입세액		(14)			
	합계 (10)-(10-1)+(11)+(12)+(13)+(14)		(15)			
	공제받지 못할 매입세액		(16)			
	차감계 (15)-(16)		(17)		㉯	
납부(환급)세액 (매출세액 ㉮ - 매입세액 ㉯)					㉰	
경감·공제 세액	그 밖의 경감·공제세액		(18)			
	신용카드매출전표등 발행공제 등		(19)			
	합계		(20)		㉱	
소규모 개인사업자 부가가치세 감면세액			(20-1)		㉲	
예정 신고 미환급 세액			(21)		㉳	
예정 고지 세액			(22)		㉴	
사업양수자가 대리납부한 세액			(23)		㉵	
매입자 납부특례에 따라 납부한 세액			(24)		㉶	
신용카드업자가 대리납부한 세액			(25)		㉷	
가산세액 계			(26)		㉸	
차감·가감하여 납부할 세액(환급받을 세액)(㉰-㉱-㉲-㉳-㉴-㉵-㉶-㉷+㉸)					(27)	
총괄 납부 사업자가 납부할 세액(환급받을 세액)						

② 국세환급금 계좌신고 (환급세액이 5천만원 미만인 경우)	거래은행	은행 지점	계좌번호		
③ 폐업 신고	폐업일		폐업 사유		
④ 영세율 상호주의	여[ ] 부[ ]	적용구분		업종	해당 국가

⑤ 과 세 표 준 명 세

업 태	종목	생산요소	업종 코드	금 액
(28)				
(29)				
(30)				
(31) 수입금액 제외				
(32) 합 계				

「부가가치세법」 제48조·제49조 또는 제59조와 「국세기본법」 제45조의3에 따라 위의 내용을 신고하며, 위 내용을 충분히 검토하였고 신고인이 알고 있는 사실 그대로를 정확하게 적었음을 확인합니다.

년 월 일

신고인: (서명 또는 인)

세무대리인은 조세전문자격자로서 위 신고서를 성실하고 공정하게 작성하였음을 확인합니다.

세무대리인: (서명 또는 인)

세무서장 귀하

첨부서류 뒤쪽 참조

세무대리인	성 명		사업자등록번호		전화번호

210mm×297mm[백상지 (80g/㎡) 또는 중질지(80g/㎡)]

※ 이 쪽은 해당 사항이 있는 사업자만 사용합니다.
※ 뒤쪽의 작성방법을 읽고 작성하시기 바랍니다.

사업자등록번호 [ ][ ][ ] - [ ][ ] - [ ][ ][ ][ ][ ] *사업자등록번호는 반드시 적으시기 바랍니다.

	구분				금액	세율	세액
예정신고 누락분 명세	(7)매출	과세	세금계산서	(33)		10/100	
			기타	(34)		10/100	
		영세율	세금계산서	(35)		0/100	
			기타	(36)		0/100	
		합계		(37)			
	(12)매입	세금계산서		(38)			
		그 밖의 공제매입세액		(39)			
		합계		(40)			

	구분			금액	세율	세액
(14) 그 밖의 공제 매입세액 명세	신용카드매출전표등 수령명세서 제출분	일반매입	(41)			
		고정자산매입	(42)			
	의제매입세액		(43)		뒤쪽 참조	
	재활용폐자원등 매입세액		(44)		뒤쪽 참조	
	과세사업전환 매입세액		(45)			
	재고매입세액		(46)			
	변제대손세액		(47)			
	외국인 관광객에 대한 환급세액		(48)			
	합계		(49)			

	구분		금액	세율	세액
(16) 공제받지 못할 매입세액 명세	공제받지 못할 매입세액	(50)			
	공통매입세액 중 면세사업등 해당 세액	(51)			
	대손처분받은 세액	(52)			
	합계	(53)			

	구분		금액	세율	세액
(18) 그 밖의 경감·공제 세액 명세	전자신고 세액공제	(54)			
	전자세금계산서 발급세액 공제	(55)			
	택시운송사업자 경감세액	(56)			
	대리납부 세액공제	(57)			
	현금영수증사업자 세액공제	(58)			
	기타	(59)			
	합계	(60)			

	구분			금액	세율	세액
(26) 가산세액 명세	사업자미등록등		(61)		1/100	
	세금계산서	지연발급 등	(62)		1/100	
		지연수취	(63)		5/1,000	
		미발급 등	(64)		뒤쪽 참조	
	전자세금계산서 발급명세 전송	지연전송	(65)		3/1,000	
		미전송	(66)		5/1,000	
	세금계산서 합계표	제출 불성실	(67)		5/1,000	
		지연제출	(68)		3/1,000	
	신고 불성실	무신고(일반)	(69)		뒤쪽참조	
		무신고(부당)	(70)		뒤쪽참조	
		과소·초과환급신고(일반)	(71)		뒤쪽참조	
		과소·초과환급신고(부당)	(72)		뒤쪽참조	
	납부지연		(73)		뒤쪽참조	
	영세율 과세표준신고 불성실		(74)		5/1,000	
	현금매출명세서 불성실		(75)		1/100	
	부동산임대공급가액명세서 불성실		(76)		1/100	
	매입자 납부특례	거래계좌 미사용	(77)		뒤쪽참조	
		거래계좌 지연입금	(78)		뒤쪽참조	
	신용카드매출전표 등 수령명세서 미제출·과다기재		(79)		5/1,000	
	합계		(80)			

		업태	종목	코드번호	금액
면세사업 수입금액	(81)				
	(82)				
	(83)	수입금액 제외			
				(84) 합계	

계산서 발급 및 수취 명세	(85) 계산서 발급금액	
	(86) 계산서 수취금액	

210㎜×297㎜[백상지 (80g/㎡) 또는 중질지(80g/㎡)]

■ 법인세법 시행규칙 [별지 제17호서식] <개정 2021. 10. 28.>

(앞쪽)

사 업 연 도	. . . ~ . . .	조정후수입금액명세서	법 인 명	
			사업자등록번호	

1. 업종별 수입금액명세서

①업 태	②종 목	코드	③기준(단순)경비율 번호	수 입 금 액			
				④계(⑤+⑥+⑦)	내 수		⑦수 출
					⑤국내생산품	⑥수입상품	
<101>		01					
<102>		02					
<103>		03					
<104>		04					
<105>		05					
<106>		06					
<107>		07					
<108>		08					
<109>		09					
<110>		10					
<111>기 타		11					
<112>합 계		99					

2. 부가가치세 과세표준과 수입금액 차액 검토

(1) 부가가치세 과세표준과 수입금액 차액

⑧과세(일반)	⑨과세(영세율)	⑩면세수입금액	⑪합계(⑧+⑨+⑩)	⑫수입금액	⑬차액(⑪-⑫)

(2) 수입금액과의 차액내역

⑭구 분		⑮ 코드	⑯ 금 액	비 고	⑭구 분	⑮ 코드	⑯ 금 액	비 고
자가공급		21			거래시기차이감액	30		
사업상증여		22			주세 · 특별소비세	31		
개인적공급		23			매출누락	32		
간주임대료		24				33		
자산매각	유형자산 및 무형자산 매각액	25				34		
	그 밖의 자산매각액	26				35		
잔존재고재화		27				36		
작업진행률차이		28				37		
거래시기차이가산		29			⑰차액계	50		

210㎜×297㎜[백상지 80g/㎡ 또는 중질지 80g/㎡]

3. 사장님들의 궁금증 1순위. 가장 빈번하게 발생하는 가산세, 세금계산서도 부가가치세법에 기초한다

사업과 관련된 세무 자문 업무를 하다 보면 가장 많이 받는 질의가 세금계산서 관련입니다. 사업 경력이 상당한 사장님들도 세금계산서 관련 질문을 많이 하십니다. 간혹 세금계산서와 관련된 질문을 하시면서 이런 질문을 해도 되는가 하고 멋쩍어하시는 사장님들도 많습니다. 그러시지 않으셔도 괜찮습니다. 별도의 자문 계약을 한, 매출액 1조원이 넘는 큰 회사에서도 요청하는 세무 자문의 상당 부분이 세금계산서 관련입니다.

처음 사업을 하시는 사장님들에게 세금계산서는 무척 낯선 내용일 것입니다. 사업 구상을 하면서 세법 공부를 하시는 분은 거의 없으시니까요. 사업 경험이 상당한 분들은 세금계산서에 붙는 가산세 걱정에 세무사에게 확인을 받고 싶어 합니다.

사업을 한다면 다른 건 몰라도 세금계산서는 알고 계셔야 합니다. 세금계산서를 모르면 예상치 못한 가산세를 부담할 수 있습니다. 심지어 구입액에 10%에 해당하는 매입세액을 공제 받지 못할 수도 있습니다.

세금계산서를 발급하거나 발급 받을 때에는 다음 항목이 기재되어있는지 기본적으로 확인하여야 합니다.

① 공급하는 사업자의 등록번호와 성명 또는 명칭
② 공급받는 자의 등록번호
③ 공급가액과 부가가치세액　　④ 작성연월일

■ 부가가치세법 시행규칙 [별지 제14호서식] (적색) <개정 2021. 10. 28.>

세금계산서(공급자보관용)

책 번 호 [　권　호]
일 련 번 호 [ ][ ]-[ ][ ][ ][ ]

공급자	등록번호	- -			공급받는자	등록번호			
	상호(법인명)		성명(대표자)			상호(법인명)		성명(대표자)	
	사업장 주소					사업장 주소			
	업태		종목			업태		종목	

작성				공급가액													세액												비고
연	월	일	빈칸 수	조	천	백	십	억	천	백	십	만	천	백	십	일	천	백	십	억	천	백	십	만	천	백	십	일	

월	일	품목	규격	수량	단가	공급가액	세액	비고

합계금액	현금	수표	어음	외상미수금	이 금액을 영수/청구 함

210㎜×148.5㎜ (인쇄용지(특급) 34g/㎡)

세법에서는 상기 4가지 기재사항을 '필요적 기재사항'이라고 부릅니다. 4가지 기재사항 중 하나라도 기재하지 않거나 사실과 다르게 기재할 경우, 해당 세금계산서를 발행한 사업자는 가산세를 납부하여야 하고[25] 발급받은 사업자는 매입세액공제를 받을 수 없습니다.[26]

부가, 부가22601-2591 , 1986.12.22

[제 목]
필요적기재사항의 전부 또는 일부가 기재되지 않은 경우 매입세액 공제 여부

[요 지]
제출된 세금계산서에 필요적기재사항의 전부 또는 일부가 기재되지 아니하였거나 그 내용이 사실과 다른 경우의 매입세액은 매출세액에서 공제하지 아니함.

[회 신]
부가가치세법 제16조 제1항 및 제3항의 규정에 의한 세금계산서를 교부받아 동법 제20조 제1항 및 제2항의 규정에 의하여 제출된 세금계산서에 필요적기재사항의 전부 또는 일부가 기재되지 아니하였거나 그 내용이 사실과 다른 경우의 매입세액은 매출세액에서 공제하지 아니함.

25) 부가가치세법 제60조(가산세)
26) 부가가치세법 제39조(공제하지 아니하는 매입세액)

4. 세금계산서, 계산서?
대충 발행하면 큰 코 다친다

앞서 이야기한 4가지 필요적 기재사항 중 하나를 부실기재 할 경우 공급가액에 1%에 해당하는 가산세가 부과됩니다.

기재하기만 하면 끝일까요? 4가지 필요적 기재사항을 모두 기재하더라도 세금계산서와 관련된 가산세는 넘쳐납니다. 아래는 세금계산서와 관련된 가산세를 요약한 것입니다.

구분	가산세
세금계산서 지연발급	공급가액×1%
세금계산서 미발급	공급가액×2%
세금계산서 부실기재	공급가액×1%
전자세금계산서 지연전송	공급가액×0.3%
전자세금계산서 미전송	공급가액×0.5%
가공 세금계산서	공급가액×3%

세금계산서는 늦게 발급(1%)하거나 발급하지 않을 경우(2%) 공급가액에 일정비율에 해당하는 가산세가 추가됩니다. 전자세금계산서

의 경우에는 0.3%, 0.5%의 가산세가 있습니다. 재화, 용역을 공급하지 않고 세금계산서를 발급하거나 발급받는 경우에는 그 세금계산서에 적힌 공급가액에 3%에 해당하는 가산세가 붙습니다.

실무적으로 제일 빈번하게 발생하는 세금계산서 관련 가산세는 지연발급이나 미발급의 경우입니다. 시기를 놓쳤거나 깜박하는 사이 발생하는 가산세입니다. 다음으로 실수를 범하시는 것이 세금계산서가 아닌 계산서로 발급하는 실수입니다.

과세 매출의 경우에는 세금계산서를 면세 매출의 경우에는 계산서를 발급하는 것이 맞습니다. 하지만 세금계산서와 계산서를 제대로 구분하지 못하거나 과세/면세를 구분하지 못하여 잘못 발행하는 경우가 발생하곤 합니다.

[별지 제28호서식(1)] <개정 2021. 10. 28.> (청 색)

계 산 서(공급받는자 보관용)	책번호	권	호
	일련번호	-	

공급자	등록번호	- -			공급받는자	등록번호	- -		
	상 호(법인명)		성 명			상 호(법인명)		성 명	
	사업장주소					사업장주소			
	업 태		종 목			업 태		종 목	

작성			공급가액											비고
년	월	일	빈칸수	십	억	천	백	십	만	천	백	십	일	

월	일	품 목	규 격	수 량	단 가	공 급 가 액	비 고

합계금액	현 금	수 표	어 음	외상미수금	이 금액을 영수/청구 함

22226-61921일
95.3.14 승인

182㎜×128㎜
(인쇄용지(특급) 34g/㎡)

계산서는 면세에 대해 발행되기 때문에 세액란이 없는 것이 특징입니다. 계산서 발행 금액은 부가가치세 신고 시에 집계됩니다. 세금계산서와 계산서를 혼동하는 일이 없도록 주의하여야 합니다.

※ 종이세금계산서를 꼭 챙기셔야 합니다.

앞서 이야기한 것과 같이 적법하게 세금계산서를 발행하고 발행받는다면 불필요한 가산세는 없앨 수 있습니다.

그렇다면 이제 절세를 논해야 할 때입니다. 전자로 발행하거나 발행받는 세금계산서를 전자세금계산서라고 합니다. 전자세금계산서는 세무대리인이 홈택스 등을 통해 조회해 볼 수 있습니다. 따라서 누락되는 경우는 거의 발생하지 않습니다.

하지만 종이 발행하거나 발행받은 세금계산서는 사장님께서 세무대리인에게 전달해주지 않으면 확인할 길이 없습니다. 이제는 실무적으로 대부분 전자로 세금계산서가 오고 갑니다. 하지만 임차료의 경우에는 아직까지 종이로 세금계산서를 발행하고 발행받는 경우가 많습니다.

일반 소상공인분들에게 임차료가 차지하는 비중이 상당한 만큼 꼭 종이세금계산서는 잊지 말고 챙겨주시길 당부드립니다.

※ 세금계산서 꼭 받아야 하나요?

사무실이나 가게 인테리어 공사를 시작하시는 사장님들에게 많이 듣는 이야기입니다.

Q 공사대금 세금계산서 안 하는 대신에 얼마 할인 해준다고 하던데, 세무사님 이렇게 진행해도 되나요?

A 가능하면 세금계산서 꼭 받으세요.

당장 지출되는 금액이 줄어들기 때문에 사장님들 입장에서는 솔깃한 이야기일 수 있습니다. 그러나 큰 실익이 없습니다. 인테리어 공사 때 조금 더 지급한 부가가치세에 대해서는 부가가치세 신고 기간 때 매입세액으로 신고하여 매출세액에서 차감하거나 환급받을 수 있습니다. 당장 10% 더 주는 것이 손해가 아닙니다.

Q 1월에 공사했습니다. 지출이 커서 7월 25일 환급 때까지 자금 부담이 너무 큽니다.

A 부가가치세 조기 환급을 신청하시면 됩니다. 부가가치세 조기 환급은 조기환급신고기한이 지난 후 15일 이내 환급 받으실 수 있습니

다. 직접 신고하실 수도 있으시고 기장계약을 체결한 상태라면 세무사 사무실에 요청 주셔도 됩니다.

추가로 종합소득세 신고를 할 때에 세금계산서가 있어야 해당 지출에 대한 비용처리가 용이합니다. 발행 받은 세금계산서라는 확실한 증빙을 가지고 비용처리를 진행하는 것이기 때문입니다.

따라서 세금계산서를 받지 않고 할인을 받으시는 것은 부가가치세에 있어서 큰 실익이 없고, 종합소득세 신고 때에는 오히려 비용인정 측면에서 불리한 측면이 있습니다. 공사를 맡기는 입장에서 괜히 탈세에 가담할 필요가 없습니다. (세금계산서를 발행하지 않는 대신에 할인을 해주겠다는 말은 보통 상대방이 매출 신고를 하지 않겠다는 의미이기도 합니다.)

02

부가가치세법!
알고 보면 어렵지 않다

[세금계산서, 수정세금계산서, 계산서, 합산과세]

1. 세금계산서를 잘못 발행했다면 무조건 가산세를 내야 할까?

간단하게 세금계산서에 대해 알아보았지만 실무적으로는 복잡한 경우들이 많이 생깁니다. 중간 거래 단계가 있는 경우, 위수탁, 본지점 간의 거래, 수출, 계약가액의 변경, 거래처의 파산 등 사장님들 입장에서 세금계산서를 어떻게 발행해야 할지 난감한 경우들이 발생하곤 합니다. 세금계산서 한 장이 수백 수천만 원이라면 더더욱 그럴 것입니다. 고의로 잘못 발행한 것도 아닌데 모조리 가산세를 부과한다면 세금 무서워 사업도 못 하지 않을까요?

세법에서는 수정세금계산서 발급 사유를 열거하고 있습니다. 사업자가 해당 사유에 해당하는 경우[27] 수정세금계산서를 발급할 수 있으며 가산세 부담이 없거나 상대적으로 적습니다.

수정세금계산서 발행 요령은 생각보다 간단합니다. 기존에 수정하고자 하는 내용은 붉은색이나 음(-, 마이너스) 표기하고 새롭게 발행하고자 하는 내용은 검은색으로 표기하면 됩니다. 전자세금계산서의 경우 자동으로 표기가 되므로 혼동의 여지가 더 적습니다. 참고적으로 이런 기표 방법은 수정세금계산서 외에 다른 세금의 신고에서도 동일하게 사용되는 방법입니다.

수정세금계산서를 발급할 수 있는 사유는 다음과 같습니다.

1) 처음 공급한 재화가 환입된 경우
2) 계약의 해제로 재화·용역이 공급되지 아니한 경우
3) 계약의 해지로 공급가액이 추가 또는 차감되는 경우
⇨ 사유발생일을 작성일자로 적습니다.

4) 재화 또는 용역을 공급한 이후 공급시기가 속하는 과세기간 종료 후 25일 이내에 내국신용장이 개설되었거나 구매확인서가 발급된 경우
5) 필요적 기재사항 등이 착오로 잘못 적힌 경우

27) 부가가치세법 시행령 제70조(수정세금계산서 또는 수정전자세금계산서의 발급사유 및 발급절차)

6) 필요적 기재사항 등이 착오 외의 사유로 잘못 적힌 경우

7) 착오로 전자세금계산서를 이중으로 발급한 경우

8) 면세 등 발급대상이 아닌 거래 등에 대하여 발급한 경우

9) 세율을 잘못 적용하여 발급한 경우

⇨ **처음 세금계산서 발급일을 작성일자로 기재합니다.**

2. 가산세로 끝나지 않는다

– 조세범처벌법

납부할 부가가치세 세액을 사업자에게 알려드리던 중이었습니다. 매출은 늘었지만 거래처로부터 대금 회수가 잘 안 되고 있던 한 사장님이 당장 납부해야 할 부가가치세를 듣고 난감해 하신 적이 있습니다.

며칠 뒤 사장님께서 혹 세금계산서를 어디서 끊어 가지고 오면 부가가치세를 줄일 수 있는지 여쭤보셨습니다.

부가가치세가 부담스럽다고 가공세금계산서를 구해다 오면 큰일 납니다. 아는 지인을 통해서 가공세금계산서를 만들어 오거나 혹은 자료상을 통해 가공세금계산서를 만들어 오는 경우 가산세에서 그치지 않을 수 있습니다.

다른 세금과 달리 가공세금계산서를 통해 부가가치세를 줄이는 것은 국고의 직접적인 유출에 해당하기 때문에 처벌이 상대적으로 더 무겁습니다. 가산세가 아니라 처벌입니다.[28][29]

---

28) 조세범 처벌법 제10조(세금계산서의 발급의무 위반 등)

29) 부가, 서울행정법원2007구합1089. 2008.05.21

부가, 서면인터넷방문상담3팀-971 , 2006.05.25

[제 목]
가공세금계산서 교부시 처벌 여부

[요 지]
사업자가 재화 또는 용역을 공급함이 없이 가공세금계산서만을 수수하는 경우 (전액 자료상)는 가산세를 부과하지 아니하고 조세범처벌법의 규정에 의거 처벌함

[회 신]
사업자가 재화 또는 용역을 공급함이 없이 가공세금계산서만을 수수하는 경우 (전액 자료상)는 가산세를 부과하지 아니하고 조세범처벌법 제11조의 2 제4항의 규정에 의거 처벌하는 것입니다.

합법적인 선에서 절세를 위한 모든 방법을 동원하였음에도 납부할 세액이 커서 부담스럽다면 부가가치세 분납이나 납부유예와 같은 방법을 생각해볼 수 있습니다. 기간에 여유를 두고 납부할 방법을 모색하는 것입니다.

밑도 끝도 없이 부가가치세를 줄일 수는 없습니다. 무턱대고 세금을 줄여주겠다는 제안이 온다면 보다 신중해야 합니다.

3. 번거로운 부가가치세 합산할 수 있다

사업이 성장하면 새로운 사업장을 내는 경우가 생깁니다. 부가가치세는 사업장별로 과세하는 것을 원칙으로 하기 때문에 새로운 사업장을 내기 위해서는 다시금 사업자등록을 해야 합니다.[30] 그리고 이 경우 부가가치세는 사업장별로 각각 신고하고 납부합니다.

세법학적으로는 이렇게 사업장별로 신고하도록 해서 물류의 흐름을 파악하고 납세 관리를 보다 원활하게 하기 위함입니다. 하지만 납세자 입장에서는 사업장이 늘어날수록 점점 더 불편해집니다.

이런 납세자들의 불편을 해소하기 위해 부가가치세법에서는 주사업장총괄납부, 사업자단위과세라는 규정을 두고 있습니다. 주사업장총괄납부를 적용할 경우 신고는 각각의 사업장에서 하되 납부를 주사업장에서 일괄적으로 할 수 있습니다.[31] 만약 사업자단위과세를 적용한다면 더 나아가 부가가치세 신고부터 납부까지 하나의 사업장에서 모두 할 수 있습니다.

---

30) 부가가치세법 제8조 제1항

31) 부가가치세법 제51조(주사업장 총괄 납부)

신규사업자가 주사업장총괄 납부를 적용받기 위해서는 사업자등록증을 받을 날부터 20일 이내 신청해야 합니다. 만약 사업자단위과세를 적용받고 싶다면 사업개시일부터 20일 이내 신청해야 합니다. 계속사업자의 경우 두 방법 모두 적용받고자 하는 과세기간 개시 20일 전까지 신청하면 됩니다.

■ 부가가치세법 시행규칙[별지 제35호서식] <개정 2019. 3. 20.>

홈택스(www.hometax.go.kr)에서도 신청할 수 있습니다.

주사업장 총괄 납부 [ ] 신청서 / [ ] 포기신고서

※ [ ]에는 해당하는 곳에 √ 표시를 합니다.

접수번호	접수일	처리기간 즉시

신고(신청)인 인적사항	상호(법인명)	사업자등록번호
	성명(대표자)	전화번호
	사업장(주된 사업장) 소재지	
	업태	종목
	총괄 납부 관리번호	

주사업장 총괄 납부(승인신청·포기신고)를 하려는 사업장의 내용 및 사유

사업장 소재지	사업의 종류		사업자 등록번호	상호 (법인명)	사업장 관할 세무서
	업태	종목			
(주된 사업장)					

사유	

[ ] 「부가가치세법」 제51조 및 같은 법 시행령 제92조제2항·제3항에 따라 위와 같이 주된 사업장에서 총괄하여 납부할 것을 신청합니다.

[ ] 「부가가치세법 시행령」 제94조제2항에 따라 주된 사업장 총괄 납부를 포기하고 위의 각 사업장에서 부가가치세를 납부할 것을 신고합니다.

년 월 일

신고(신청)인 (서명 또는 인)

세무서장 귀하

첨부서류	없음	수수료 없음

작 성 방 법
1. 주사업장 총괄 납부를 신청하거나 이미 총괄 납부를 신청한 사업장의 총괄 납부 포기를 신고하는 경우에 작성합니다. 2. 해당되는 신청(신고)사항에 [√]표시하고 해당 사항을 적은 후 작성일자와 신청인(신고인)란에 서명 또는 날인하여 제출합니다.

210mm×297mm[백상지 80g/㎡(재활용품)]

■ 부가가치세법 시행규칙 [별지 제5호서식] <개정 2021. 3. 16.>

사업자 단위 과세 등록신청서
(기존사업자용)

접수번호	접수일	처리기간 2일(보정기간은 산입하지 않음)

신청인 인적사항	상호(법인명)	사업자등록번호
	성명(대표자)	전화번호
	사업장(주된 사업장) 소재지	
	업태	종목

사업자 단위 과세 적용 사업장 개수		사업자 단위 과세 적용 과세기간	. . 부터

신청내용

구분	일련번호	사업자 등록번호	사업의 종류		사업장 소재지	상호 (법인명)	사업장 관할 세무서
			업태	종목			
본점 또는 주사무소	0000						
종된 사업장	0001						
	0002						
	0003						
	0004						
	0005						

신청 사유	

「부가가치세법」 제8조제4항·제5항 및 같은 법 시행령 제11조제2항·제3항에 따라 위와 같이 사업자 단위 과세 등록을 신청합니다.

년 월 일

신청인 (서명 또는 인)

세무서장 귀하

신청인 제출서류	신설되는 종된 사업장이 있는 경우에는 사업자 단위 과세 사업자의 종된 사업장 명세서 1부	수수료
담당 공무원 확인사항	주사무소 및 종된 사업장의 사업자등록증	없음

행정정보 공동이용 동의서

본인은 이 건 업무처리와 관련하여 담당 공무원이 「전자정부법」 제36조에 따른 행정정보의 공동이용을 통하여 위의 담당 공무원 확인 사항을 확인하는 것에 동의합니다. *동의하지 않는 경우에는 신청인이 직접 관련 서류를 제출해야 합니다.

신청인 (서명 또는 인)

210mm×297mm[백상지 80g/㎡(재활용품)]

4. 세금계산서 꼭 공급시기에만 발행해야 할까?

세금에 대해 잘 모르거나 관심이 없는 사장님이라도 세금계산서를 발행해야 한다는 사실은 알고 계십니다. 하지만 세금계산서 발행이 빈번한 업종의 경우 사업을 하면서 매번 세금계산서 발행을 챙기기란 여간 어려운 일이 아닙니다.

세금계산서는 재화나 용역의 공급이 이루어지는 시기에 발급하는 것이 원칙입니다.[32] 그리고 세법에서는 재화의 공급시기를 3가지로 나누어 이동이 필요한 재화의 경우에는 재화가 인도되는 때, 재화의 이동이 필요하지 아니한 경우에는 재화가 이용가능하게 되는 때, 그 외의 재화의 경우에는 재화의 공급이 확정되는 때 발급하도록 하고 있습니다.[33]

구분	공급시기
이동이 필요한 경우	인도되는 때
이동이 필요하지 아니한 경우	이용가능하게 되는 때
그 외	공급이 확정되는 때

32) 부가가치세법 제34조(세금계산서발급시기)

33) 부가가치세법 제15조

하지만 거래형태별로 세부적으로 살펴보면 이보다 훨씬 복잡합니다. 일반적인 상거래 형태에서는 물건을 사고 팔 때 세금계산서를 발행한다고 생각하면 편할 것입니다.

용역의 경우에는 역무의 제공이 완료되는 때나 시설물, 권리 등 재화가 사용되는 때를 공급시기로 보고 세금계산서를 발행하여야 합니다.[34]

'재화, 용역의 공급시기에 세금계산서를 발행한다. 그리고 재화 용역의 공급시기는 법정한다.' 원칙은 그렇습니다. 그러나 이렇게 딱 못 박아서 세금계산서 발행시기를 규정하면 실무적으로는 난리가 납니다. 거래가 빈번한 사업자들의 경우 사업하는 시간보다 세금계산서 발행하는 시간이 더 길어질 것입니다. 일은 미리 해주고 나중에 돈을 받는 경우에는 또 어쩌고요. 이런 여러 가지 문제점들을 인식하고 세법에서는 재화 및 용역의 공급시기 특례 규정을 두어 공급시기 외에도 요건에 따라 세금계산서를 발행하는 것을 허용하고 있습니다.[35]

우선 세금계산서를 공급시기가 되기 전에 발급하는 경우에도 인정하는 경우입니다. 선 세금계산서라고 표현합니다. 예를 들어 가격이 조금 나가는 물건이 있다고 생각해봅시다. 물건은 다음 달에 주기로 하고 지금 당장 물건 가격에 일정 부분을 받을 수 있습니다. 사업

34) 부가가치세법 제16조

35) 부가가치세법 제17조(재화 및 용역의 공급시기의 특례)

하다 보면 충분히 있을 수 있는 일입니다. '돈 받았으니 세금계산서 발행해야지' 라는 것이 보통의 사장님들이 생각하는 방식입니다. 그런데 이렇게 받은 금액만큼 세금계산서 발행한 것을 인정하지 않고 가산세를 부과한다? 너무 가혹합니다. 세법에서는 이렇게 재화의 인도일 이전이라도 대가를 받은 부분에 대해서 세금계산서를 발행한다면 이를 인정해 줍니다.

부가, 부가22601-1568 , 1989.10.28

[제목]
선세금계산서에 대한 공급시기 및 수정세금계산서의 교부가능여부

[요지]
공급시기 도래 전 세금계산서를 교부한 경우 그 교부하는 때를 공급시기로 보며, 선세금계산서를 교부한 후 당초의 공급가액에 증감금액 발생 시 그 발생한 때에 수정세금계산서를 교부할 수 있음

[회신]
1. 사업자가 재화 또는 용역의 공급시기가 도래하기 전에 세금계산서를 교부하는 경우에는 부가가치세법 제9조 제3항의 규정에 의거 그 교부하는 때를 당해 재화 또는 용역의 공급시기로 보는 것임.

이런 경우도 있을 수 있습니다. 그날 대가를 받기로 하고 미리 세금계산서를 끊어줬는데 상대방 사장님이 깜빡하시고 대금을 하루 이

를 늦게 주신 겁니다. 충분히 자주 발생할 수 있는 일입니다. 그렇다고 매번 수정세금계산서를 발행하기에는 번거롭습니다. 가산세를 부과하기에는 가혹하고요. 세법에서는 이 역시 인정해 줍니다.

다만 이렇게 대가를 늦게 받는 세금계산서의 경우 요건이 있습니다. 대가를 무한정 늦게 받는 것을 인정하면 거래처에 세금계산서를 발행을 강압하여 부가가치세 납부세액의 기간을 조절하는 못된 사업자가 나타날 수도 있기 때문입니다. 해당 요건을 요약하면 다음과 같습니다.

※ 선 세금계산서 발행을 인정받는 경우

① 발급 후 발급일부터 7일 이내 대가를 받는 경우

② 7일이 지난 후에 대가를 받는 경우

ㄱ. 계약서 등에 대금의 청구시기와 지급시기를 따로 적고 대금청구시기와 지급시기 사이의 기간이 30일 이내일 것.

ㄴ. 세금계산서 발급일이 속하는 과세기간에 재화를 인도하고 세금계산서에 적힌 대금을 지급받은 것이 확인되는 경우

③ 장기할부판매, 장기할부조건부 용역의 공급의 경우

④ 전력, 부동산임대용역 등 공급단위를 구획할 수 없는 재화 용역의 계속적 공급의 경우

대금을 먼저 받고 세금계산서를 나중에 발행하는 경우도 있을 수 있습니다. 이른바 후 세금계산서입니다. 실무에서는 굳이 선, 후로 구분해서 부르지는 않습니다. 나중에 발행하는 세금계산서를 인정하는 것은 거래가 빈번한 사업자들의 편의를 위해서입니다. 거래가 매우 빈번한 사업자의 경우 매일 같이 세금계산서를 발행하라고 하는 것은 무리한 요구입니다. 세법에서는 거래 후에 한 번에 세금계산서를 발행할 수 있도록 특례 규정을 두고 있습니다.

※ 후 세금계산서 발행을 인정받는 경우

공급일이 속하는 달의 다음 달 10일까지 발급 가능한 경우로서 다음 요건을 충족하는 경우

① 거래처별로 1역월의 공급가액 합계액을 그 달의 말일을 작성연월일로 하여 발급하는 경우
② 거래처별로 1역월 이내에 임의로 정한 기간의 공급가액 합계액을 그 기간 종료일을 작성연월일로 하여 발급하는 경우
③ 증빙확인시 그 거래일을 작성연월일로 하여 발급하는 경우

후 세금계산서를 발행한다면 꼭 거래처별로 합계하셔야 합니다. 부가가치세는 한 사업자의 매출세액이 다른 사업자의 매입세액이 되므로 이를 구분하지 않으면 잘못된 세금계산서가 됩니다. 가산세가

붙습니다.

부가, 제도46015-12609 , 2001.08.08

[제 목]
1역월 이내에서 공급일이 수하는 달의 다음 달 10일까지 세금계산서를 교부할 수 있는지 여부

[요 지]
사업자가 거래처별로 1역월 이내에서 정하여진 기간의 공급가액을 합계하여 그 기간의 종료일자를 발행일자로 하여, 재화 또는 용역의 공급일이 속하는 달의 다음 달 10일까지 세금계산서를 교부하는 것은 적법함.

03

부가가치세는 언제 신고하고 언제 납부할까?

1. 부가가치세 신고, 납부 절차를 알아보자[36]

사업 초기에는 언제 어떤 세금을 내야 하는지도 막막합니다. 부가가치세는 1기와 2기로 나누어 한 해에 네 번 납부하는 것이 원칙입니다.

구분	과세기간		신고 납부기한[37]
1기	예정 기간	1. 1 ~ 3. 31	4. 25.
	확정 기간	4. 1 ~ 6. 30	7. 25.

36) 부가가치세법 제5조(과세기간).

37) 부가가치세법 제48조, 동법 제49조.

2기	예정 기간	7. 1 ~ 9. 30	10. 25.
	확정 기간	10. 1 ~ 12. 31	1.25

법인의 경우 1월 1일부터 3월 31일까지의 부가가치세에 대해서 4월 25일까지 신고 납부를 합니다. 이 기간을 예정신고 기간이라고 합니다. 4월 1일부터 6월 30일까지의 기간에 대해서는 7월 25일까지 신고를 하며 이 기간을 과세기간 최종 3개월분이라고 합니다. 실무적으로는 과세기간 최종 3개월을 확정 신고기간이라는 표현으로 많이 부릅니다. 하반기 역시 상반기와 동일하게 3개월 단위로 구분하여 신고합니다.

개인의 경우에는 법인과 조금 다릅니다. 법인은 세무대리인을 두고 있거나 자체적으로 세금 신고를 위한 구성이 되어 있는 경우가 많지만 개인사업자는 그렇지 않습니다. 사업에 온 신경을 쏟아야 하는데 1년에 네 번이나 부가가치세 신고를 하라고 한다면 너무 과합니다.

이런 사정을 감안하여 개인사업에게는 예정고지를 합니다. 세무서장이 전기에 납부했던 세액의 50%로 결정하여 고지합니다. 즉, 개인사업자는 1월 1일에서 3월 31일까지의 기간, 7월 1일에서 9월 30일까지의 기간에 대한 부가가치세는 사업자가 신고하지 않고 세액을 고지 받아 신고합니다. 그리고 1월 1일에서 6월 30일까지의 기간, 7월 1일에서 12월 31일까지의 기간에 대해 확정신고를 하면서 이미 납부했던 고지세액을 공제하는 방법으로 신고가 이루어집니다. 따라서 개인사업자는 부가가치세 신고를 1월 25일까지 한 번, 7월 25일까지 두 번 신고한다고 생각하면 됩니다.

다만 이렇게 고지 납부를 하는 경우 억울한 사업자가 생길 수 있습니다. 특히 최근 코로나로 인해 더 그랬습니다. 예정고지 세액이 전기 납부했던 세액에 50%이다 보니 예정신고 기간에 사업이 갑자기 어려워졌던 사업자는 소득이 없음에도 갑자기 납부할 세액이 커지는 문제가 생길 수 있습니다. 확정신고를 통해 과다하게 납부한 금액을 환급받을 수 있다고 하더라도 갑작스럽게 자금부담이 생기는 것은 어쩔 수 없습니다. 세법에서는 이런 문제를 해결하기 위해 요건을 충족한 사업자의 경우에는 예정신고가 가능하도록 하고 있습니다.

2. 환급이 나왔다.
조금 더 빨리 환급받고 싶다면?

매입세액이 매출세액보다 크다면 당연히 부가가치세 환급이 이루어집니다. 다만 예정신고 기간의 부가가치세는 바로 환급해주지 않고 확정신고 시에 납부 할 세액에서 차감하는 방식으로 환급이 이뤄집니다. 세법에 많은 규정들이 이런 식입니다. 돌려주지 않고 나중에 납부할 세금에서 빼고 달라고 합니다.

확정신고 기간에 부가가치세 환급에 대해서는 확정신고 기간이 지난 후 30일 이내에 환급이 이루어집니다.[38] 참고적으로 부가가치세 환급세액이 일정 금액을 넘어가면 세무서에서 연락이 옵니다. 부가가치세 환급액이 나온다면 해당 사유에 대한 자료를 잘 준비해두시는 것이 좋습니다.

예정신고 시에는 현금으로 돌려주지 않고, 확정신고 기간이 끝나고 최장 30일이 걸려 환급이 이루어지다 보니 사업자 입장에서는 일시적으로 자금부담이 생길 수 있습니다. 특히 대규모 사업 시설에 투

38) 부가가치세법 제59조(환급)

자한 사업자라면 더욱 곤혹스러울 것입니다. 세법에서는 부가가치세 환급 기간 문제로 인하여 사업자들이 자금압박을 받는 것을 완화해 주기 위해 조기환급 규정을 두고 있습니다.

다만 모든 환급에 대해서 조기환급이 가능한 것은 아닙니다.

아래 세 가지 경우에만 조기환급신청이 가능합니다.

① 영세율을 적용받는 경우

② 사업 설비(감가상각자산)를 신설, 취득, 확장 또는 증축하는 경우

③ 재무구조개선계획을 이행 중인 경우로서 환급세액이 발생한 경우

조기환급 신고 방법은 간단합니다. 부가가치세 신고서에 상단에 영세율 등 조기환급에 체크 표기하시면 됩니다.

■ 부가가치세법 시행규칙 [별지 제21호서식] <개정 2022. 3. 18.> [시행일: 2022. 7. 1.] 제4쪽의 (55)

홈택스(www.hometax.go.kr)에서도 신청할 수 있습니다.

일반과세자 부가가치세 [ ]예정 [ ]확정 [ ]기한후과세표준 [ ]영세율 등 조기환급 신고서

※ 뒤쪽의 작성방법을 읽고 작성하시기 바랍니다. (4쪽 중 제1쪽)

관리번호				처리기간	즉시	
신고기간	년 제 기 (월 일 ~ 월 일)					
사업자	상 호 (법인명)		성 명 (대표자명)	사업자등록번호	- -	
	생년월일		전화번호	사업장	주소지	휴대전화
	사업장 주소			전자우편 주소		

다만, 사업 설비를 신설, 취득, 확장 또는 증축하는 경우에는 건물 등 감가상각자산 취득명세서를, 재무구조개선계획을 이행중인 경우에는 재무구조 개선계획서를 추가로 첨부하여야 합니다.

조기환급 신고는 예정신고기한 또는 과세기간 단위로 신고할 수 있으며 매월 또는 매 2개월 단위로 조기환급도 가능합니다. 예정신고기한 또는 과세기간 단위로 조기환급 신고 시 그 예정신고기한 또는 확정신고기한이 지난 후 15일 이내 환급이 이루어집니다. 매월 또는 매 2개월 단위 역시 해당 조기환급기간이 끝난 날부터 15일 이내 환급이 이루어집니다.

유의할 점이 있습니다. 시설투자로 조기환급을 받겠다고 조기환급 신고를 하면서 시설투자와 관련된 매입세액만을 신고해서는 안 됩니다. 조기환급은 부가가치세 신고를 조금 더 빨리하고 조금 더 빨리 받는 개념입니다. 따라서 조기환급 받고자 하는 기간에 전체 부가가치세 매출과 매입을 신고하여야 합니다. 만약 시설투자와 관련된 매입만을 신고한다면 누락된 부가가치세 매출신고에 대해 신고불성실가산세, 납부불성실가산세와 같은 가산세를 추가로 부담할 수 있습니다.

■ 부가가치세법 시행규칙 [별지 제27호서식] <개정 2022. 3. 18.>

홈택스(www.hometax.go.kr)에서도 신청할 수 있습니다.

건물 등 감가상각자산 취득명세서

년 제 기 (월 일 ~ 월 일)

※ 아래의 작성방법을 읽고 작성하시기 바랍니다.

접수번호	접수일	처리기간 즉시

1. 제출자 인적사항

① 성명(법인명)	② 사업자등록번호
③ 업태	④ 종목

2. 감가상각자산 취득명세 합계

감가상각자산 종류	건수	공급가액	세액	비고
⑤ 합계				
⑥ 건물・구축물				
⑦ 기계장치				
⑧ 차량운반구				
⑨ 그 밖의 감가상각자산				

「부가가치세법 시행령」 제90조제3항의 표 제7호, 제91조제2항의 표 제10호 및 제107조제3항에 따라 건물 등 감가상각자산 취득명세서를 제출합니다.

년 월 일

제출자 (서명 또는 인)

세 무 서 장 귀하

작 성 방 법

① ~ ④: 제출자의 성명 또는 법인명과 사업자등록번호, 업태, 종목을 적습니다.
⑤: 신고대상기간 중 취득한 건물・구축물・기계장비・차량운반구 등 감가상각자산의 건수・공급가액・세액을 합하여 적으며, 공급가액 및 세액 합계액은 부가가치세 신고서 "(11)번+(42)번 고정자산"란의 금액 및 세액과 일치하여야 합니다.
⑥: 신고대상기간 중 건물・구축물을 취득하고 발급받은 신용카드매출전표등 수취분이나 세금계산서상의 건수・공급가액・세액을 더하여 적습니다.
⑦: 신고대상기간 중 기계 및 장비를 취득하고 발급받은 신용카드매출전표등 수취분이나 세금계산서의 건수・공급가액・세액을 더하여 적습니다.
⑧: 신고대상기간 중 차량운반구를 취득하고 발급받은 신용카드매출전표등 수취분이나 세금계산서의 건수・공급가액・세액을 더하여 적습니다.
⑨: 신고대상기간 중 건물・구축물・기계 및 장비・차량운반구를 제외한 그 밖의 감가상각자산을 취득하고 발급받은 신용카드매출전표등 수취분이나 세금계산서의 건수・공급가액・세액을 더하여 적습니다.

210㎜×297㎜[백상지 80g/㎡(재활용품)]

■ 조세특례제한법 시행규칙 [별지 제21호의2서식] <개정 2018. 3. 21.>

재무구조개선계획서

대상기업	상호 또는 법인명	사업자등록번호
	대표자 성명	법인등록번호
	사업장(본점) 소재지	
	업종	사업개시일
	과세연도 년 월 일부터 년 월 일까지	
재무구조개선계획 승인권자	(채권금융기관협의회등), (채권은행자율협의회), (금융위원회), (관할 법원), (한국자산관리공사)	

채무상환계획 명세

금융채권자명	차입일	채무금액	상환예정일	상환예정금액

양도대상 자산명세

종류·구분	소재지(부동산)	면적(㎡)·수량(개)	양도	
			예정일	예정금액

「조세특례제한법 시행령」 제34조제18항에 따라 재무구조개선계획서를 제출합니다.

년 월 일

제출인 (서명 또는 인)

확인자 (서명 또는 인)

세무서장 귀하

210㎜×297㎜[백상지 80g/㎡(재활용품)]

3. 예정고지세액을 납부하고 싶지 않다면 어떻게 해야 할까?

개인사업자의 경우 예정신고 대신 세무서장이 전기 납부세액의 50%를 결정하여 고지 징수합니다. 이는 개인사업자들의 불편을 줄여주기 위한 것입니다. 아무래도 네 번이나 신고하는 것에 비해, 일 년에 두 번만 신고하고 두 번은 고지된 금액을 납부하면 되므로 납세자 입장에서 더 편리합니다.

하지만 예정신고 고지 징수 방법이 마냥 납세자에게 편리하고 유리한 것만은 아닙니다. 이번 코로나와 같이 갑자기 전기에 비해 사업이 어려워진 경우, 예정고지 방식은 납세자에게 매우 불리합니다. 실제로는 사업이 부진한데도 전기 기준으로 납부해야 하기 때문입니다.

확정 신고 때 차감된다고 하더라도 사업하는 사람 입장에서는 자금 압박에 시달릴 수 있습니다. 납세자 편하라고 만든 규정이 납세자를 힘들게 합니다.

무슨 방법이 없을까요? 세법에서는 예정고지 대상자라도 사업이 부진한 경우나 조기환급을 받고자 하는 경우에는 신고 납부가 가능

하도록 규정하고 있습니다.[39]

신고 방법은 일반적인 부가가치세 신고 방법과 동일합니다. 기간만 변경하면 됩니다.

※ 예정신고 가능한 사업자[40]

① 휴업 또는 사업 부진 등으로 인하여 각 예정신고기간의 공급가액 또는 납부세액이 직전 과세기간의 공급가액 또는 납부세액의 3분의 1에 미달하는 자

② 각 예정신고기간분에 대해서 조기환급을 받으려는 자

코로나로 인해서 개인사업자들이 얼마나 고통 받고 있는지 제일 잘 아는 사람은 아마 세무사일 것입니다. 코로나 이후 개인 사업자들에 대해서 예정신고납부를 하는 비중이 정말 많이 늘었습니다. 부가가치세 환급도 마찬가지입니다.

예정신고를 할 때 사장님들에게 많이 받는 질문이 있습니다.

"세무사님 신고 납부로 하게 해주신다고 하셨는데, 고지서가 나왔

39) 부가가치세법 제48조 제4항

40) 부가가치세법시행령 제90조 제6항

어요."

신고 납부하는 경우 날아온 고지서는 무시하셔도 괜찮습니다. 기간이 물리면 간혹 신고 납부하는 경우에도 뜬금없이 고지서가 날아오기도 합니다. 종합소득세 중간예납의 경우에도 마찬가지입니다.

세무사를 통하지 않고 개인적으로 신고해서 불안하다면, 고지서를 발송한 세무서에 전화해서 확인해보셔도 괜찮습니다. 세무서라고 하면 지레 두려워하시는 분들이 계시지만, 보통 친절하게 안내해주십니다.

4. 부가가치세 납부유예 기초부터 심화까지

작년 한 해 코로나로 일시적으로 매출 대금 회수가 어려워진 사장님들이 당장에 부가가치세를 납부하기 어렵다고 부가가치세 부담을 줄일 수 있는 방법이 없는지 많이 문의하셨습니다. 앞서 이야기한 실적 기준으로 예정신고하는 방법 외에 부가가치세 납부를 뒤로 미루는 방법도 있습니다.

부가가치세 납부유예[41]와 징수유예입니다.

부가가치세 납부유예를 하는 방법은 기한연장승인신청을 하는 것입니다. 기한연장승인신청 처리기간이 3일이므로 신고 납부기한 3일 전까지 신청하여야 합니다. 납부유예를 하는 경우 납부 기한을 3월 이내에서 연장할 수 있습니다. 만약 해당 사유가 소멸하지 않는 경우 1개월의 범위에서 다시 연장할 수 있으며 최장 9개월까지 연장될 수 있습니다.[42]

다만 무조건 다 납부유예가 되는 것은 아닙니다. 다음 사유에 해당

---

41) 국세기본법 제6조(천재 등으로 인한 기한의 연장)

42) 국세기본법 시행령 제2조의2(기한연장의 기간)

해야 합니다.[43]

① 납세자가 화재, 전화, 그 밖의 재해를 입거나 도난을 당한 경우
② 납세자 또는 그 동거가족이 질병이나 중상해로 6개월 이상의 치료가 필요하거나 사망하여 상중인 경우
③ 정전, 프로그램의 오류나 그 밖의 부득이한 사유로 한국은행(그 대리점을 포함한다) 및 체신관서의 정보통신망의 정상적인 가동이 불가능한 경우
④ 금융회사 등(한국은행 국고대리점 및 국고수납대리점인 금융회사 등만 해당한다) 또는 체신관서의 휴무나 그 밖의 부득이한 사유로 정상적인 세금납부가 곤란한 경우
⑤ 권한 있는 기관에 장부나 서류가 압수 또는 영치된 경우
⑥ 세무사 또는 공인회계사가 화재, 전화, 그 밖의 재해를 입거나 도난당한 경우

상기 사유에 해당하는 경우에는 신고기한 자체를 뒤로 미뤄버릴 수 있습니다. 다만, 20년도까지는 기한연장 사유에 '사업에 심각한 손해 또는 중대한 위기에 처한 경우'가 있었습니다. 코로나로 어려움을 겪는 분들이 많아지면서 기한연장승인신청 중 사업에 중대한 위

43) 국세기본법 시행령 제2조(기한연장의 사유)

기 요건으로 정말 많은 기한연장 신청을 했었습니다. 개인적으로는 거의 평년에 5배 이상 많이 진행했던 것 같습니다.

기한연장 사유 중 기한연장 사유에 '사업에 심각한 손해 또는 중대한 위기에 처한 경우'가 삭제되었지만 여전히 납부기간을 뒤로 미룰 수 있습니다. 다만 절차가 조금 변경되었습니다.

개정 전에는 신고하는 세목에 대해서는 기한연장승인신청서를 통했고 고지된 세목에 대해서는 납부기한 등 연장 신청서를 작성해야 했습니다. 이렇게 차이가 있다 보니 세무서에서 형식적인 문제로 반려시키는 경우가 종종 있었습니다. 그래서 이번 개정으로 납부기한 연장신청은 납부기한등 연장신청서 하나로 통합되었습니다.

납부기한등의 연장은 이제 두 가지로 나누어 볼 수 있습니다. 신고분에 대한 납부기한 연장과 고지분에 대한 납부기한 연장입니다. 홈택스에서 신고하는 탭은 차이가 나지만 실제 신고서는 크게 차이가 나지 않습니다.

납부기한등 연장신청이 되면 최장 9개월까지 납부기한을 연장할 수 있습니다. 다만 6개월을 초과하는 경우 6개월이 지난 날부터 3개월 이내에 균등액을 분납하여야 합니다.[44]

납부기한등의 연장 사유는 다음과 같습니다.[45]

① 납세자가 재난 등으로 재산에 심한 손실을 입은 경우
② 사업에 현저한 손실이 발생하는 경우 등
③ 질병이나 중상해로 6개월 이상의 치료가 필요한 경우 또는 사망하여 상중(喪中)인 경우
④ 그 밖에 납세자가 국세를 납부기한등까지 납부하기 어렵다고 인정되는 경우

개인적으론 코로나라는 특수한 상황 때문에 정말 많은 업체들의 납부기한 연장신청을 도와드렸습니다. 상기 사유에 해당하면 대게의

44) 국세징수법 시행령 제12조(납부기한 등 연장 등의 기간과 분납 한도)
45) 국세징수법 제13조(재난 등으로 인한 납부기한등의 연장)

경우 납부기한 연장 승인이 납니다. 연장 승인 신청 시 사실관계 확인을 위해 세무서에서 연락이 오기도 합니다.

일전에 모 세무서에서 사업에 현저한 손실이 발생한 경우에 대한 판단 권한은 자기에게 있다고, 직접 와서 본인을 만나야 한다고 요구한 적이 있었습니다. 무슨 소리인지 모르시겠냐고하는 말에 세무사임을 밝히고 업무처리를 다시 요청 드렸습니다.

혹 세무사를 통하지 않고 세무업무를 처리하다 금품 제공 등 부당한 요구를 받을 경우 망설이지 말고 납세자보호관 등을 찾으시길 바랍니다.

위와 같은 사례는 정말 드문 경우입니다. 저도 딱 한 번 겪어봤습니다. 거의 모든 공무원분들은 세무사가 아니라고 하면 오히려 더 친절하게 안내해주십니다. 세무서 전화를 두려워하지 않으셔도 됩니다.

■ 국세기본법 시행규칙 [별지 제1호서식] <개정 2016.3.7.>
■ 수수료: 없음

기한연장승인신청서

제출서류
• 사유를 증명하는 자료

접수번호:	접수일:	처리기간: 3일

1. 신청인 정보

이름:	주민등록번호:
사업자등록번호:	
주소(영업소): (연락처:)	
상호:	업종:

2. 신청내용

기한의 구분:	
기한:	
연장받으려는 사유:	
연장받으려는 기간:	년 월 일부터 년 월 일까지 ( )일간

3. 서명 및 날인

「국세기본법」 제6조 및 같은 법 시행령 제3조에 따라 위와 같이 기한연장의 승인을 신청합니다.

년 월 일

신청인 (서명 또는 인)

세무서장 귀하

210mm×297mm[백상지(80g/㎡) 또는 중질지(80g/㎡)]

■ 국세징수법 시행규칙 [별지 제14호서식]

납부기한등 연장 신청서

(앞쪽)

접수번호	접수일	처리기간 3일

납 세 자	성명(상호)	주민등록번호(사업자등록번호)
	주소(사업장)	
	전화번호	전자우편주소

신 청 내 용

	납 부 할 국 세 의 내 용				납부기한등 연장을 받으려는 금액
신고분	연도	세 목	납부기한	금 액	금 액

	연도	세목	발행번호	납부기한(독촉기한)	국세	가산금	국세	가산금
고지분								

납부기한등 연장을 받으려는 사유		
납부기한등 연장을 받으려는 기간	년 월 일부터 년 월 일까지	(일간)

분 납 금 액 및 납 부 기 한

횟 수	세 목	납 부 기 한	분 납 금 액	국 세	가 산 금
1 회		. . .			
2 회		. . .			
3 회		. . .			

「국세징수법」 제13조 및 같은 법 시행령 제14조에 따라 납부기한등 연장을 받기 위하여 위와 같이 신청합니다.

년 월 일

신청인 (서명 또는 인)

세무서장 귀하

첨부서류	1. 납부기한등의 연장을 받으려는 사유를 증명하는 자료 2. 담보제공서(국세징수법 시행규칙 별지 제20호서식)	수수료 없 음

04

부가가치세도 절세가 가능할까?

1. 사업용 신용카드 등록은 부가가치세를 줄이는 기본이다

개인사업자의 경우 사업용 신용카드 등록을 해야 합니다. 반면 법인의 경우 법인 명의로 사용하는 카드는 홈택스에 바로 집계가 되기 때문에 별도로 홈택스에 신용카드 등록 절차가 필요하지 않습니다.

홈택스 신용카드 등록을 하면 당장에 부가가치세 매입세액 공제를 받기 매우 용이합니다. 부가가치세 신고 시에 그동안 사용한 신용카드 매입을 바로 집계해서 볼 수 있기 때문입니다. 편하기만 한 것이 아닙니다. 누락 걱정도 없습니다.

다만 주의할 사항이 있습니다. 사업용 신용카드로 등록을 했으면 해당 카드는 사업용으로만 사용하시는 것이 바람직합니다. 간혹 개인적으로 사용하는 금액과 사업용 신용카드를 구분 없이 마구 사용하시는 분이 있는데 비용처리 관련해서 문제 될 소지가 있습니다.

예를 들어, 접대 목적으로 커피 구입을 했다고 생각해 봅시다. 부가가치세 매입세액 공제는 안 되겠지만 종합소득세 신고 시 접대비 한도 내의 금액은 비용으로 인정받을 수 있습니다.

그런데 만약 해당 사업자가 사업용 신용카드를 평소에 개인용으로 마구잡이로 사용해 왔다면 접대 목적으로 사용한 금액이라고 소명하기 매우 껄끄러워집니다. 자칫 정말 사업과 관련하여 사용한 금액까지 뭉뚱그려 비용으로 인정받지 못할 수 있습니다. 괜한 오해를 받지 않으시려면 꼭 사업용 신용카드는 사업용으로만 사용하셔야 합니다.

만약 사업용 신용카드 등록을 하지 않은 경우라도 매입세액공제는 가능합니다.

이 경우 등록하지 않은 카드에 대한 이용대금명세서를 통해 매입세액공제를 진행하게 됩니다. 보통 카드사에 "부가가치세 신고 목적으로 이용대금명세서를 받아보고 싶습니다."하고 요청하면 해당 내역을 메일 등으로 보내줍니다. (엑셀로 요청하시는 것이 좋습니다.)

세무사에게 의뢰를 할 경우 해당 내역을 엑셀로 받아 사업과 관련된 매입세액, 부가가치세법상 불공제대상인 매입세액 등을 구분하여 집계 한 후 추가적으로 매입세액공제를 넣게 됩니다.

세무사를 통하지 않고 직접 신고하시는 경우 불공제대상 여부를 전혀 고려하지 않고 카드사용내역 전액을 매입세액공제로 넣는 실수를 종종 보곤 합니다. (가산세가 있습니다.) 부가가치세 신고 기한이 지나서 세무서에서 연락을 받고 수정신고를 의뢰하러 세무사에게 찾아오는 경우가 대부분 이 경우입니다.

사업용 카드로 등록한 카드의 경우 홈택스에서 해당 카드를 사용한 사용처에 따라 공제 불공제 금액을 알아서 나눠줍니다. 부정확합니다. 하지만 해당 금액으로 신고할 경우 세무서에서 어느 정도 인정을 해줍니다.

그러나 사업용 카드로 등록자체를 안 한 경우 사장님 스스로 카드 사용 내역을 보면서 공제, 불공제 여부를 가려내서 집계해야 합니다. 세법을 전문적으로 공부하지 않은 일반적인 사장님들 입장에서 쉬운 일이 아닙니다.

세무사 사무실에 따라 차이가 있기는 하지만 사업용 카드로 등록을 하지 않은 카드를 매입세액을 넣어 부가가치세 신고대리를 의뢰할 경우 추가 수수료를 요청하기도 합니다. (정당한 요구입니다. 엑셀 작업 등 추가 투입 시간이 발생하기 때문입니다.)

절세 측면에서도, 수수료 측면에서도 사업용 신용카드 등록은 필수입니다.

2. 공급자가 세금계산서를 발행하지 않는다면?

부가가치세 매입세액 공제를 받으려면 거래상대방으로부터 세금계산서 등을 발급받아야 합니다.

하지만 부가가치세 신고 막바지가 되면 상대방 거래처에서 세금계산서를 발행해 주지 않는다고 분개하시는 분들을 보곤 합니다. 매입세액 공제를 받으려면 세금계산서를 받아야 하는데 상대방 거래처에서 발행하지 않으면 너무 너무 답답합니다.

이렇게 거래 상대방이 세금계산서를 발행해 주지 않는 경우에는 방법이 있습니다. 바로 매입자발행세금계산서입니다.[46]

매입자발행세금계산서는 표현 그대로 공급자가 세금계산서를 발행해주지 않을 때 공급받는 자가 세금계산서를 발행할 수 있도록 한 규정입니다. 단 무턱대고 발행할 수는 없습니다. 요건도 있고 몇 가지 절차도 있습니다.[47]

우선 매입자발행세금계산서를 발행하기 위해서는 공급시기가 속하는 과세기간 종료일부터 6개월 이내에 거래사실확인신청서를 제출해야 합니다. 그리고 이때 거래사실을 입증할 수 있는 서류도 첨부

46) 부가가치세법 제34조의2(매입자발행세금계산서에 따른 매입세액 공제 특례)

47) 부가가치세법 시행령 제71조의2.

하여야 합니다. 금액요건도 있습니다. 거래 건당 공급대가가 10만 원 이상이어야 합니다.

요건을 갖춰 신청서를 제출하면 세무서에는 신청서를 검토합니다. 이때 7일 이내의 기간을 정해 흠결이 있는 부분의 수정을 요구하기도 합니다. 이상이 없다면 신청일의 다음 달 말일까지 거래사실을 확인사실을 통지하여 줍니다. 그리고 이후 거래 사실이 입증되었다면 이제 매입자발행세금계산서를 발행하여 공급자에게 교부할 수 있습니다.

매입자발행세금계산서는 공급자가 제때 세금계산서를 발행해주지 않아서 매입자가 어쩔 수 없이 세무서에 도움을 요청하는 것입니다. 당연히 늦게 발행했다고 해서 매입자가 가산세를 부담하지는 않습니다.[48]

실무적으로는 최후의 경우, 이미 거래관계가 파탄난 거래처에 한해 권해드리는 방법이기도 합니다. 매입하는 측이 매입자발행세금계산서를 세무서에 요청했다는 것은 반대로 말하면 매출자 측이 세금계산서를 정상적으로 발행하지 않고 있다고 세무서에 알리는 것이 되기 때문입니다. 갑을 관계 등 여러 가지 문제가 엮일 수 있기 때문에 오롯이 세법만 생각하여 상담을 진행할 수는 없는 부분이기도 합니다.

48) 부가, 부가가치세과-1131, 2013.12.08

부가, 법규과-754 , 2011.06.15

[제 목]

매입자발행세금계산서로 매입세액공제시 가산세 적용 여부

[요 지]

재화 또는 용역을 공급받는 자가 관할 세무서장의 거래사실 확인을 받아 매입자발행세금계산서를 발급하여 매입세액공제를 받는 경우 당해 매입자발행세금계산서는 공급시기 이후 발급받은 매입세금계산서에 해당하지 아니함

[회 신]

재화 또는 용역을 공급받는 자가 「조세특례제한법」 제126조의 4 및 같은 법 시행령 제121조의 4 규정에 따라 매입자발행세금계산서를 발급하여 매입세액공제를 받는 경우 해당 매입자발행세금계산서에 대해서는 「부가가치세법」 제22조 제5항 제1호 및 같은 법 시행령 제70조의 3 제6항에 따른 가산세를 적용하지 않는 것입니다.

3. 역발행세금계산서?

앞서 공급자가 세금계산서를 발행해주지 않았을 때 발행하는 매입자발행세금계산서에 대해 이야기했습니다.

그러나 주의해야 할 사항이 있습니다. 매입자발행세금계산서는 실무적으로 역발행세금계산서와는 전혀 다릅니다. 사실 역발행세금계산서는 세법에서 규정하고 있는 용어는 아닙니다.

실무상 편의로 공급자가 세금계산서를 발행하지 않고 공급받는 자가 세금계산서를 발행하는 것을 역발행세금계산서라고 표현하고 있습니다. 세법에 명시적으로 나타난 방법은 아니지만 실무적으로 수많은 매입자가 한 번에 발행하는 것이 편한 업종에서 자주 나타납니다.

세무서에 사실관계 확인을 거치는 매입자발행세금계산서와는 완전히 성격을 달리 합니다. 게다가 신고서 서식에서도 차이가 납니다. 간혹 인터넷 블로그 등에서 둘을 혼용하여 설명하는 경우가 있는데 엄밀하게 말하면 잘못된 것입니다.

4. 부가가치세에 적용되는 각종 세액공제
- 부가가치세법상 세액공제 / 조세특례제한법상 세액공제

부가가치세에도 받을 수 있는 각종 세액공제제도가 있습니다. 법인세나 종합소득세에 비해 큰 공제는 아니지만 그래도 빠뜨리지 않고 꼼꼼하게 챙겨야 불필요한 조세 지출을 줄일 수 있습니다.

1) 부가가치세법상 세액공제
- 신용카드 등의 사용에 따른 세액공제[49]

신용카드 매출에 대해서 부가가치세법에서는 공급대가에 1.3%(2024.01.01.부터는 1%)를 공제해주고 있습니다. 과거 신용카드 결제 시 카드사 수수료 때문에 사업자에게 손해가 가는 문제로 신용카드 결제를 몹시 꺼렸던 것에서 생긴 공제입니다.

이제는 신용카드 매출을 거부하는 사업자는 거의 없지만 여전히 신용카드 매출에 대해서는 공제를 해주고 있습니다.

---

49) 부가가치세법 제46조(신용카드 등의 사용에 따른 세액공제 등)

다만 모든 사업자가 신용카드 등의 사용에 따른 세액공제를 받을 수 있는 것은 아닙니다. 해당 공제를 받기 위해서는 영수증 발급사업자이거나 간이과세자이어야 합니다. 그리고 영수증 발급사업자라고 하더라도 법인과 직전 연도 공급가액 합계액이 사업장별로 10억 원을 초과하는 개인은 제외됩니다.

여기서 영수증 발급사업자란 다음의 사업자를 말합니다.[50)]

① 소매업
② 음식점업
③ 숙박업
④ 미용, 욕탕 및 유사 서비스업
⑤ 여객운송업
⑥ 입장권을 발행하여 경영하는 사업
⑦ 행정사업
⑧ 우정사업조직 등

모든 금액이 공제되는 것은 아닙니다. 한도 규정이 있습니다. 연간 1,000만 원을 한도로 합니다.[51)]

---

50) 부가가치세법 시행령 제73조(영수증 등)

51) 연간 500만 원을 한도로 하되 2023년 12월 31일까지는 연간 1천만 원을 한도로 한다고 규정하고 있습니다. 이런 유형의 규정은 상당기간 매 해 연장 적용하는 경향이 있어 매 해 개정 유

부가, 부가46015-178 , 2001.01.27

[제 목]
신용카드 등의 사용에 따른 세액공제를 받을 수 있는지 여부

[요 지]
사업을 하는 일반과세자가 재화 또는 용역을 공급하고 당해 재화 또는 용역의 공급시기에 세금계산서를 발행함과 동시에 신용카드매출전표를 발행하는 경우에는 신용카드 등의 사용에 따른 세액공제를 받을 수 있는 것임.

[회 신]
귀 질의 1의 경우 부가가치세법 시행령 제79조의 2 제1항 각호의 사업을 하는 일반과세자가 재화 또는 용역을 공급하고 당해 재화 또는 용역의 공급시기에 세금계산서를 발행함과 동시에 여신전문금융업법에 의한 신용카드매출전표를 발행하는 경우에는 부가가치세법 제32조의 2 규정에 의한 신용카드 등의 사용에 따른 세액공제를 받을 수 있는 것입니다.

2) 조세특례제한법상 세액공제

– 전자신고세액공제[52)]

납세자가 직접 전자신고의 방법으로 부가가치세를 신고하는 경우에는 납부세액에서 1만 원을 공제해줍니다. 만약 환급세액이 나올

무에 관심을 가져야 합니다.

52) 조세특례제한법 제104조의8 제2항

경우에는 1만 원을 추가로 더 환급해줍니다. 다만 간이과세자는 환급을 해주지 않으므로 전자신고세액공제 역시 환급을 해주지 않습니다.

5. 매입세액으로 공제되지 않는 항목은 열거되어 있다

매 부가가치세 신고기간마다 세무사 사무실은 전쟁을 치룹니다. 부가가치세 신고 전에 이번 부가가치세 신고에서 납부하여야 할 세액을 얼마이고, 매입세액이 어느 정도인지, 그리고 그중 어떤 어떤 항목들이 불공제인지 등 신고와 관련된 세부적인 내역을 전달해 드립니다.

그러면 아직 부가가가치세 신고에 익숙하지 않은 사장님들은 꼭 이런 질문을 하십니다.

"매입자료로 이만큼 받아왔는데 공제되는 세액은 왜 이것 밖에 안 됩니까?"

보내드린 불공제 내역으로 매번 설명을 드리지만 참 힘든 과정입니다.

매입세액으로 공제되지 않는 항목은 숙지하고 있는 것이 좋습니다. 간혹 스스로 부가가치세 신고를 하다 불공제되는 매입세액을 공제되는 것으로 넣거나, 혹은 세무사 사무실에 그냥 공제로 신고해주면 안 되겠느냐고 요청하시는 사장님도 계십니다.

불공제분 매입세액을 공제로 신고할 경우 추후 추징세액과 가산세를 부담할 수 있습니다. 당장에는 세무서에서 알아차리지 못했다고 하더라도 언젠가는 적발됩니다. 그리고 나중에 발각되면 발각될수록 가산세 부담도 큽니다.

또 공제되지 않는 항목을 모를 경우 사업적으로도 손해를 입기도 합니다. 매입세액 공제를 받을 것까지 생각해서 계약서를 작성했다 매입세액 공제가 되지 않는 경우가 생길 수 있습니다.

부가가치세법에서는 매입세액 불공제 대상에 대해 '열거'하고 있습니다.[53] 열거 규정이므로 아래 열거하고 있는 대상에 해당하지 않는다면 모두 공제대상 매입세액으로 판단하면 됩니다. 생각보다 쉽습니다. 아래는 부가가치세법 제39조를 요약한 것입니다.

※ 공제하지 아니하는 매입세액

① 토지조성과 관련된 매입세액

② 사업과 관련 없는 매입세액

③ 세금계산서 미수령 또는 부실기재분

④ 비영업용소형승용차 관련 매입세액

⑤ 접대비 관련 매입세액

⑥ 등록 전 매입세액

53) 부가가치세법 제39조(공제하지 아니하는 매입세액)

⑦ 면세사업과 관련된 매입세액

⑧ 매입처별세금계산서합계표 미제출, 불분명분 매입세액

여기서 토지조성과 관련된 매입세액이란 토지를 취득하거나 형질변경, 공장부지 및 택지 조성과 관련된 매입세액 등을 포함하는 개념입니다.[54] 주의할 사항은 토지의 매입만 불공제가 아니라 택지를 조성하는 과정에서 들어간 매입세액까지 모두 불공제 대상이라는 것입니다. 면세만 매입세액을 공제받지 못한다고 잘못 알고 있을 경우 실수하기 쉬운 규정입니다.

사업과 관련 없는 매입세액 또한 공제하지 않습니다. 보통 신용카드 자료를 받아서 불공제 항목을 걸러낼 때 많이 나타납니다.

세금계산서 미수령 또는 부실기재분의 경우 원칙적으로 매입세액이 공제되지 않습니다. 다만 이 경우에는 예외 사항이 존재합니다. 세금계산서에 필요적 기재사항을 잘못 기재하였다고 하더라도 다른 기재사항으로 보아 거래사실이 확인되는 경우에는 매입세액 공제가 가능합니다.[55]

---

54) 부가가치세법 시행령 제80조(토지에 관련된 매입세액)

55) 부가가치세법 시행령 제75조(세금계산서 등의 필요적 기재사항이 사실과 다르게 적힌 경우 등에 대한 매입세액 공제)

늦게 발급 받은 경우에도 공제가 가능합니다. 앞서 이야기한 후 세금계산서 발급 규정이 아니더라도 공급시기가 속하는 과세기간에 대한 확정신고기한까지 발급받는 경우 매입세액 공제가 가능합니다. 다만 가산세가 있습니다.

비영업용소형승용차 관련 매입세액은 가장 문의가 많은 부분입니다. 자동차 판매나 임대업 등처럼 영업용으로 사용하는 경우가 아닌 소형승용차와 관련된 매입세액은 모두 불공제 대상입니다. 예를 들어 신용카드 내역에 주유소에서 결제한 금액들은 영업용 차량이 아니라면 모두 불공제입니다.

사업자 등록 전 매입세액은 원칙적으로는 공제가 되지 않습니다. 다만 요건에 따라 일정기한까지는 공제가 가능하기도 합니다.

면세사업과 관련된 매입세액 역시 공제하지 않습니다. 면세 품목은 국민 후생과 관련된 재화(의료보건, 교육용역 등), 문화 관련(도서, 신문 등), 기초생활필수 품목(미가공식료품 등)입니다.[56] 주의할 점은 면세사업과 과세사업을 같이 하는 경우입니다. 면세사업과 과세사업을 함께 하는 경우 이와 관련된 매입세액은 면세사업과 과세사업 비율에 따

---

56) 부가가치세법 제26조(재화 또는 용역의 공급에 대한 면세)

라 안분한 다음 면세사업과 관련된 부분은 불공제 매입세액으로 신고하여야 합니다.

참고적으로 이때 안분기준을 알 수 없는 경우 대용치로 안분하며 추후 정산하여야 합니다. 또한 감사상각자산의 경우 상각기간 동안 과세 면세 비율에 따라 정산하는 과정을 거칩니다.

6. 음식점업, 부가가치세 절세 노하우

음식점업의 경우 의제매입세액 공제 특례 규정을 적극적으로 사용하는 것이 좋습니다.[57] 의제매입세액 공제 특례 규정이란 면세 농·축·수·임산물 소금 등을 구입하여 제조·가공한 재화 또는 용역을 공급하는 경우 부담한 매입세액이 없더라도 일정액을 매입세액으로 공제하는 규정을 말합니다.

※ 요건을 요약하면 다음과 같습니다.

① 과세사업자가

② 면세 농·축·수·임산물 소금 등을 구입하여

③ 제조·가공한 후

④ 과세되는 재화·용역의 공급에 사용할 것.

의제매입세액공제는 음식점업 외에 제조업과 같이 과세사업자라면 누구나 적용받을 수 있습니다. 그러나 면세 농·축·수·임산물 소금 등을 구입하여 가공할 일이 많은 음식점업에서 압도적으로 많이 활

---

57) 부가가치세법 제42조 (면세농산물등 의제매입세액 공제특례)

용되고 있습니다. 음식점업을 영위하는 사업자라면 의제매입세액 공제 제도는 꼭 알고 있어야 합니다.

상기 요건에 해당한다면 다음 산식에 따라 공제액이 결정됩니다.

※ 의제매입세액 : min(①,②)×공제율

① 면세농산물 등 공제대상 매입가액

② 한도 : 해당 과세기간의 과세표준×한도율

여기서 공제율은 업종별로 다음과 같습니다.

구분		율
음식점업	가. 개별소비세법 제1조제4항에 따른 과세유흥장소의 경영자	102분의 2
	나. 가목 외의 음식점을 경영하는 사업자 중 개인사업자	108분의 8 (과세표준 2억 원 이하인 경우에는 2023년 12월 31일까지 109분의 9)
	다. 가목 및 나목 외의 사업자	106분의 6
제조업	가. 과자점업, 도정업, 제분업 및 떡류 제조업 중 떡방앗간을 경영하는 개인사업자	106분의 6
	나. 가목 외의 제조업을 경영하는 사업자 중 조세특례제한법 제5조 제1항에 따른 중소기업 및 개인사업자	104분의 4
	다. 가목 및 나목 외의 사업자	102분의 2
제1호 및 제2호 외의 사업		102분의 2

한도율은 다음과 같습니다.[58)]

해당 과세기간의 과세표준			한도율
개인	음식점	1억 이하	75%
		1억 초과 2억 이하	70%
		2억 초과	60%
	그 외	2억 이하	65%
		2억 초과	55%
법인			50%

유의할 사항으로 과세사업과 면세사업을 동시에 하는 사업자의 경우 매입세액을 안분계산하는 것과 같이 과세와 면세를 함께 하는 사업자는 과세사업에 사용되는 매입만 뽑아내야 합니다. 실지귀속을 알 수 있다면 실지귀속에 따라 과세사업에 사용하는 분만 의제매입세액공제를 적용하고 알 수 없다면 당기 과세, 면세 공급가액 비율에 따라 안분한 가액에 의제매입세액공제를 적용합니다.

참고적으로 21년 세법개정으로 간이과세자에 대해서는 의제매입세액공제를 더 이상 적용할 수 없습니다.

58) 부가가치세법 시행령 제84조(의제매입세액 계산)

PART 3

사람 관리가 제일 힘들다

원천세

01

사업자가 근로자의 세금을 납부한다고?

1. 갑근세? 갑종근로소득세? 원천세를 알아보자

직원을 고용하게 된다면 매달 신고 납부해야 할 세금이 생깁니다. 바로 원천세입니다.[59] 실무적으로는 갑근세, 갑종근로소득세라는 표현으로 부르기도 합니다.

처음으로 직원을 고용한 사장님들의 경우 원천세 구조를 이해하기 쉽지 않습니다. 법인세나 종합소득세와 달리 원천세는 근로자의

59) 소득세법 제127조(원천징수의무)

소득에 대해서 회사가 세금을 납부하는 구조이기 때문입니다.

직원을 고용하면 회사는 보통 매달 근로자에게 일정한 소득을 지급합니다. 만약 원천세라는 제도가 없다면 근로자는 자신의 근로소득에 대해서 각자 소득세 신고를 해야 합니다. 모든 근로자가 자신의 소득에 대해서 각자 신고를 한다면 매달 하루는 꼬박 세금 신고서만 작성하고 있을지도 모릅니다. 전 국민이 세법 공부를 해야겠지요.

이처럼 원천세가 없다면, 소득세를 신고하는 근로자 입장에서도 힘이 들고 이를 파악하는 국가 입장에서도 매우 비효율적입니다. 신고서가 한아름일 테니까요. 또 세수가 종합소득세 신고기간에 몰리게 되기 때문에 국가 자금 운용에도 불리합니다.

그래서 등장한 것이 원천징수라는 제도입니다. 소득을 지급하는 자가 소득을 지급하는 시점에 소득을 받는 자의 세금을 떼서 국가에 신고·납부하도록 규정한 것입니다. 쉽게 말해 원천세는 근로자의 소득세를 회사가 대신 전달해주는 세금이라고 이해하면 보다 직관적으로 다가올 것 같습니다.

예를 들어, 월 2,500,000원의 급여로 근로계약을 체결했다면 근로자에게 2,500,000원을 지급하는 것이 아니라 근로자에게 근로자의 근로소득세 41,630원, 지방소득세 4,160원을 차감한 2,454,210원을 지급하고 41,630원은 국세로 4,160원은 지방세로 사업자가 납부하게 되는 것입니다.[60] 그래서 사실 원천세는 납부는 사장님이 하시지만 사장님 세금은 아닙니다.

물론 예외는 있습니다. 병의원과 몇몇 업종에서는 관행적으로 네트(net)제라는 것을 하고 있습니다. 네트(net)제는 근로자가 부담할 원천세를 사장님이 부담하기로 하는 계약 방식을 말합니다.

누가 처음 시작했는지는 모르겠지만, 정상적인 근로계약 방법이라고는 생각되지 않습니다. 기중에 급여를 지급하면서 원천징수했던 세금은 연말정산을 통해 정산됩니다. 네트(net)제는 연말정산을 진행할 때, 이직을 할 때 등 몇몇 경우에서 불합리함을 야기하기도 합니다. 따라서 가능하다면 지양해야 할 근로계약 형태라고 생각합니다.

원천세 신고기한은 지급일이 속하는 달의 다음 달 10일까지입니다.[61] 예를 들어, 6월 25일 급여를 지급했다면 7월 10일까지 신고, 납부하면 됩니다. 실무적으로 원천세를 관리하는 방법은 회사마다 매우 다양합니다. 당월 귀속 당월 신고를 하는 업체도 있고, 당월 귀속 차월 신고를 하기도 합니다. 복잡하게는 전월 귀속 당월 지급 차월 신고를 하기도 합니다. 다양하기는 하지만 결국 원칙인 지급일이 속하는 달의 다음 달 10일 내에 신고, 납부가 이루어진다는 사실은

60) 국민연금, 건강보험 등을 고려하지 않은 가정치

61) 소득세법 제128조(원천징수세액의 납부)

같습니다. 혹 갑작스러운 급여 변동이 발생하였더라도 원칙에 따라 지급일이 속하는 달의 다음 달 10일까지만 신고, 납부하면 가산세 등 문제가 없다는 사실을 명심하고 계신다면 당황하실 필요가 없습니다.

부가가치세가 부가가치세로 끝나지 않고 법인세나 소득세에 영향을 미쳤던 것처럼, 원천세도 원천세로 끝나지 않습니다. 원천세 신고 시 작성하는 서류인 원천징수이행상황 신고서를 보면 해당 월에 지급하는 근로자들의 인원, 총급여, 원천징수세액 등의 내용이 나타납니다.

그리고 사업을 하면서 지급한 인건비는 사업자 입장에서는 비용이 됩니다. 결국 원천세 신고내역은 법인이나 개인사업자의 비용으로 법인세, 종합소득세(사업소득)에 영향을 미칩니다.

매달 신고했던 원천징수이행상황신고서 상에 급여와 지급명세서 상의 급여 지급 금액, 법인세 또는 소득세 상에 비용으로 들어간 인건비, 이렇게 세 박자가 맞아 들어가야 합니다. 만약 셋 중 하나라도 차이가 난다면 원천세나 지급명세서, 혹은 법인세(소득세) 중 하나를 잘못 신고한 것입니다. 특별한 사유가 없는 한 가산세를 부담할 소지가 매우 큽니다. 차액이 크고 빈번하게 발생한다면 세무조사를 받을 수도 있습니다.

참고적으로 근로소득 외에 다른 소득이 있는 근로자가 있다면 근로자의 종합소득세 신고 내역과 법인의 원천징수 내역이 또 다시 크로스체크가 됩니다. 이는 근로소득 외에 회사에서 원천징수해야 하는 이자소득, 배당소득, 사업소득, 기타소득 등에 모두 적용되는 내용입니다.

예를 들어, 사업소득을 지급하고 원천징수 했는데 소득을 받은 자가 종합소득세 신고를 하지 않거나 회사에서 신고한 원천세 내용과 다르게 종합소득세 신고를 했다면, 회사가 틀렸거나 사업소득자가 신고를 잘못한 것이 됩니다.

브로커를 통해서 사업소득자를 모집한 후 이들에게 사업소득을 지급한 것처럼 꾸며 회사의 비용처리를 해오다 적발된 사례도 있습니다. 혹여나 사업을 하다 이런 방식으로 세금을 줄여주겠다는 제의를 하는 브로커를 만난다면 절대로 해서는 안 됩니다. 당장에는 세금이 줄어드는 것처럼 보일지 몰라도 바로 적발됩니다. 적발 시 원천세 관련 가산세와 법인세(소득세)관련 가산세, 그 동안 넣은 비용 부인까지 어마어마한 세금이 기다리고 있습니다.

※ 3.3 프리랜서 소득신고

원천세 신고는 근로자에게 소득을 지급할 때만 하는 것은 아닙니다. 사업소득 이른바 3.3 소득을 지급할 때에도 원천세 신고를 해야 합니다.

예를 들어, 사업자에게 5,000,000원에 계약을 의뢰했다고 합시다. 해당 사업자가 사업자등록증이 있는 개인이라면 사장님은 해당 사업자에게 세금계산서를 발행해주셔야 합니다. 그런데 만약 해당 계약을 이행하는 거래상대방이 사업자가 아니라면 세금계산서를 발행할 수 없습니다. 이런 개인사업자에게 소득을 지급할 때에는 3.3% 만큼의 세금을 제외하고 지급합니다. 국세 3%, 지방세 0.3% 입니다. 사례의 경우 150,000원은 국세, 15,000원은 지방세로 해서 165,000원을 제외하고 4,835,000원을 해당 사업자에게 지급하게 됩니다. 그리고 제외했던 금액은 지급한 날이 속하는 달의 다음 달 10일까지 원천세 신고 후 세금으로 납부합니다.

2. 연말정산 환급금.
사장님에게는 왜 돌려주지 않는 걸까?

매달 근로자에게 소득을 지급할 때 징수하는 원천징수 세액은 사실 근로자가 부담해야 할 정확한 세금이 아닙니다. 원천징수 시에 사용되는 세액은 근로소득간이세액표에 따라 말 그대로 간이로 계산한 세액에 불과하기 때문입니다. 매달 정확한 세금을 계산해서 신고하도록 하면 발생할 불편함을 줄이기 위한 방편입니다.

하지만 이렇게 간이로 계산한 세액을 근로자에게 부담시킬 수는 없습니다. 그래서 1년에 한 번 그동안 간이로 징수했던 세금을 정산하는 과정을 거칩니다.

연말에 하는 정산, 연말정산입니다. 정확하게는 연말에 이루어지는 것은 아닙니다. 보통 2월 분 급여를 지급하는 시점에 연말정산이 이루어집니다. 중간에 퇴사를 하는 경우에는 퇴직하는 달의 급여를 지급하는 때 연말정산을 합니다.

이렇게 연말정산을 하고 나면 더 납부하거나 환급받을 세액이 발생합니다. 13월의 급여라는 표현이 등장한 것도 이런 이유에서입니다. 연도 중에 간이세액표로 납부한 세금이 정확하게 계산했을 때 납부해야 할 세금보다 크면 돌려받는 것은 당연한 이야기입니다.

여기서 연말정산을 처음 접하시는 사장님들이 헷갈리는 부분이 발생합니다.

근로자들에게 소득을 지급할 때 회사에서 국가를 대신해서 세금을 떼어다 납부했습니다. 한 해가 지나고 정산을 하면서 보니 그동안 정확하게 계산했을 때 납부해야 할 금액보다 더 많은 것을 발견했습니다. 회사는 국가와 근로자 사이에서 징수 의무만 이행했었으니 원칙대로라면 국가로부터 환급금은 받아서 근로자에게 지급해야 합니다.

그러나 현실은 회사가 근로자에게 환급금을 지급하고 맙니다. 국가에서는 별도로 환급을 요청하는 경우가 아닌 한 돌려주지 않습니다. 대신 다음 달에 납부할 원천징수세액에서 납부세액을 차감해줍니다. 받을 돈을 받지 않는 방법으로 돌려줄 돈을 주는 것입니다.

세법에서는 이런 종류의 환급 방법이 많습니다. 국가에 들어간 돈은 잘 나오지 않는다 생각해도 될 것 같습니다.

근로자들의 환급액이 많은 경우에는 경우에 따라서 몇 달 동안 원천세 납부세액이 없기도 합니다.

'나중에 낼 돈 안 내는 게 아니라 지금 받고 싶다.' 하시면 원천징수세액환급신청서를 제출해야 합니다.

여기서 주의할 것이 있습니다. 원천징수이행상황신고서에 귀속시기과 지급시기, 신고시기가 틀어지는 회사들이 있습니다. 이런 회사들의 경우에는 연말정산 반영하는 원천징수이행상황신고서가 평월하고는 조금 달라지기도 합니다.

이때 원천징수이행상황신고서 아래 차월이월환급액에 기재되는 금액을 한 번 더 확인하셔야 합니다.

간혹 프로그램을 이용하여 신고하는 경우 해당 금액이 잘못 기재되는 경우가 종종 나타나곤 합니다. 그럼 납부하지 않아도 될 금액을 납부하게 되는 사태가 발생하겠죠. 주의해야 합니다.

또한 연말정산 이후에는 해당 차월이월환급액이 다음 원천세 신고 때 전월미환급액으로 잘 넘어왔는지 확인해 보셔야 합니다. 이러한 환급액은 해당 원천세에 대한 지방소득세도 거의 동일한 비율로 나타나기 때문에 원천세에 대한 지방소득세를 신고하면서 한 번 더 확인이 가능합니다.

■ 소득세법 시행규칙 [별지 제21호서식] <개정 2022. 12. 31.> [시행일: 2023. 1. 1.] 가상자산에 관한 부분 (10쪽 중 제1쪽)

① 신고구분						[ ]원천징수이행상황신고서 [ ]원천징수세액환급신청서	② 귀속연월	년 월
매월	반기	수정	연말	소득처분	환급신청		③ 지급연월	년 월

원천징수 의무자	법인명(상호)		대표자(성명)		일괄납부 여부	여, 부
					사업자단위과세 여부	여, 부
	사업자(주민) 등록번호		사업장 소재지		전화번호	
					전자우편주소	@

❶ 원천징수 명세 및 납부세액

(단위: 원)

소득자 소득구분			코드	원천징수명세: 소득지급 (과세 미달, 일부 비과세 포함) ④ 인원	⑤ 총지급액	징수세액 ⑥ 소득세 등	⑦ 농어촌특별세	⑧ 가산세	⑨ 당월 조정 환급세액	납부세액 ⑩ 소득세 등 (가산세 포함)	⑪ 농어촌특별세
개인(거주자·비거주자)	근로소득	간이세액	A01								
		중도퇴사	A02								
		일용근로	A03								
		연말정산 합계	A04								
		연말정산 분납신청	A05								
		연말정산 납부금액	A06								
		가감계	A10								
	퇴직소득	연금계좌	A21								
		그 외	A22								
		가감계	A20								
	사업소득	매월징수	A25								
		연말정산	A26								
		가감계	A30								
	기타소득	연금계좌	A41								
		종교인소득 매월징수	A43								
		종교인소득 연말정산	A44								
		가상자산	A49								
		그 외	A42								
		가감계	A40								
	연금소득	연금계좌	A48								
		공적연금(매월)	A45								
		연말정산	A46								
		가감계	A47								
	이자소득		A50								
	배당소득		A60								
	금융투자소득		A71								
	저축 등 해지 추징세액 등		A69								
	비거주자 양도소득		A70								
법인	내·외국법인원천		A80								
수정신고(세액)			A90								
총 합 계			A99								

❷ 환급세액 조정

(단위: 원)

전월 미환급 세액의 계산			당월 발생 환급세액				18 조정대상 환급세액 (14+15+16+17)	19 당월조정 환급세액계	20 차월이월 환급세액 (18-19)	21 환급 신청액
12 전월 미환급세액	13 기환급 신청세액	14 차감잔액 (12-13)	15 일반 환급	16 신탁재산 (금융 회사 등)	17 그 밖의 환급세액: 금융회사 등	17 그 밖의 환급세액: 합병 등				

원천징수의무자는 「소득세법 시행령」 제185조제1항에 따라 위의 내용을 제출하며, 위 내용을 충분히 검토하였고 원천징수의무자가 알고 있는 사실 그대로를 정확하게 적었음을 확인합니다.

년 월 일

신고인 (서명 또는 인)

세무대리인은 조세전문자격자로서 위 신고서를 성실하고 공정하게 작성하였음을 확인합니다.

세무대리인 (서명 또는 인)

세 무 서 장 귀하

신고서 부표 등 작성 여부 ※ 해당란에 "○" 표시를 합니다.		
부표(4~5쪽)	환급(7쪽~9쪽)	승계명세(10쪽)

세무대리인	
성 명	
사업자등록번호	
전화번호	

국세환급금 계좌신고 ※ 환급금액 5천만원 미만인 경우에만 적습니다.	
예입처	
예금종류	
계좌번호	

210mm×297mm[백상지80g/㎡ 또는 중질지80g/㎡]

사업자등록번호 □□□-□□-□□□□□

원천징수이행상황신고서 부표

(단위: 원)

소득자	소득구분		세부 소득구분	코드	소득지급 인원	소득지급 총지급액	징수세액 소득세 등	징수세액 농어촌특별세	징수세액 가산세	조정환급세액	납부세액 소득세 등(가산세)	납부세액 농어촌특별세
거주자(개인)	이자·배당소득	비과세소득	장기주택마련저축	C01								
			개인연금저축	C03								
			장기저축성보험차익	C05								
			조합 등 예탁금	C06								
			조합 등 출자금	C07								
			농어가목돈마련저축	C08								
			우리사주 배당소득	C10								
			농업회사법인 배당소득	C20								
			영농·영어조합법인 배당소득	C23								
			재형저축 이자·배당소득 ·	C40								
			개인종합자산관리계좌 이자·배당소득	C60								
			청년우대형 주택청약종합저축	C27								
			장병내일준비적금	C31								
			기타 비과세이자소득	C19								
			기타 비과세배당소득	C29								
		세금특례	기타 이자·배당소득	C11								
			영농·영어조합법인 배당소득	C54								
			농업회사법인 배당소득	C55								
			부동산집합투자기구등 집합투자증권의 배당소득	C56								
			고위험·고수익투자신탁 배당소득	C57								
			개인종합자산관리계좌 이자·배당소득	C93								
			공모부동산집합투자기구의 집합투자증권의 배당소득	C94								
		세금우대	이자소득(9%)	C12								
			배당소득(9%)	C22								
			특정사회기반시설 집합투자기구 배당소득(9%)	C95								
		일반세율(14%) 분리과세	기타 분리과세 이자소득	C13								
			직장공제회 초과반환금(기본세율)	C18								
			부동산집합투자기구등 집합투자증권의 배당소득	C58								
			기타 분리과세 배당소득	C39								
			투융자집합투자기구 배당소득	C96								
		일반과세	이자소득	C14								
			배당소득	C24								
		고배당기업	배당소득(9%)	C91								
			배당소득(25%)	C92								
		비실명소득	비실명이자소득	C15								
			비실명배당소득	C25								
		비영업대금이익 (25%)		C16								
		출자공동사업자(25%)		C26								
		이자·배당소득 계		C30								
	금융투자소득	비과세소득	비과세종합저축	C32								
			재형저축	C33								
			기타(개인종합자산관리계좌 등)	C77								
		분리과세 9%	특정사회기반시설집합투자기구	C35								
			공모부동산집합투자기구	C36								
			세금우대종합저축	c37								
			개인종합자산관리계좌	C78								
		분리과세 14%	투융자집합투자기구	C38								
		일반과세		C79								
		금융투자소득 계		C80								
	근로	파견근로에 대한 대가	19%	C59								
	해지추징세액 등	벤처기업투자신탁	3.5%	C41								
		장기주택마련저축	4,8%	C42								
		연금저축	2%	C43								
		소기업·소상공인공제부금	2%	C44								
		주택청약종합저축	6%	C45								
		장기집합투자증권저축	6%	C46								
		해지추징 계		C50								

210mm×297mm[백상지 80g/㎡ 또는 중질지 80g/㎡]

소득자 소득구분				코드	소득지급		징수세액			조정환급세액	납부세액	
					인원	총지급액	소득세 등	농어촌특별세	가산세		소득세 등(가산세)	농어촌특별세
비거주자(개인)		이자	제한, 20%	C61								
비거주자(개인)		배당	제한, 20%	C62								
비거주자(개인)	사업	선박 등 임대, 사업	2%	C63								
비거주자(개인)	사업	인적용역	20%, 3%	C64								
비거주자(개인)	사업	사용료	제한, 20%	C65								
비거주자(개인)	양도	유가증권 양도	10%, 20%	C66								
비거주자(개인)	양도	부동산 양도	10%, 20%	C67								
비거주자(개인)	기타	가상자산	10%, 20%	C77								
비거주자(개인)	기타	가상자산 외	20%	C68								
비거주자(개인)	근로	파견근로에 대한 대가	19%	C69								
비거주자(개인)	비거주자 계			C70								
법인원천	내국법인	이자	14%	C71								
법인원천	내국법인	투자신탁의 이익	14%	C72								
법인원천	내국법인	신탁재산 분배	14%	C73								
법인원천	내국법인	신탁업자 징수분	14%	C74								
법인원천	내국법인	비영업대금의 이익(25%)		C75								
법인원천	내국법인	비과세 소득 등		C76								
법인원천	외국법인(국내원천소득)	이자	제한, 20%	C81								
법인원천	외국법인(국내원천소득)	배당	제한, 20%	C82								
법인원천	외국법인(국내원천소득)	선박 등 임대, 사업	2%	C83								
법인원천	외국법인(국내원천소득)	인적용역	20%, 3%	C84								
법인원천	외국법인(국내원천소득)	사용료	제한, 20%	C85								
법인원천	외국법인(국내원천소득)	유가증권양도	10%, 20%	C86								
법인원천	외국법인(국내원천소득)	부동산 양도	10%, 20%	C87								
법인원천	외국법인(국내원천소득)	기타 가상자산	10%, 20%	C89								
법인원천	외국법인(국내원천소득)	기타 가상자산 외	20%	C88								
법인원천	법인세 계			C90								

210mm×297mm[백상지 80g/㎡ 또는 중질지 80g/㎡]

사업자등록번호 □□□-□□-□□□□□

원천징수세액환급신청서 부표

(단위: 원)

소득의 종류	귀속 연월	지급 연월	코드	인 원	소 득 지급액	① 결정 세액	기납부 원천징수세액			③ 차감 세액	④ 분납 금액	⑤ 조정 환급 세액	⑥ 환급 신청액
							② 계	기납부세액 [주(현)]	기납부세액 [종(전)]				
합계													

사업자등록번호 □□□-□□-□□□□□

전월미환급세액 조정명세서

(단위: 원)

❶ 환급 신청 시 전월미환급세액 명세

귀속연월	지급연월	신고구분	세목 및 코드	① 발생환급 세액	② 같은 세목의 납부할세액	③ 당월발생 환급세액 (① - ②)

❷ 환급세액 조정 현황

귀속연월	지급연월	전월미환급세액			⑦ 당월발생 환급세액	⑧ 조정대상 환급세액	⑨ 당월조정 환급세액	⑩ 차월이월 환급세액
		④ 전월미 환급세액	⑤ 기환급 세액	⑥ 차감잔액				

참고적으로 원천징수대상 소득과 원천징수세율을 요약하면 다음과 같습니다.[62)]

대상	세율
이자소득	원칙 : 14% 비영업대금의 이익 : 25% 비실명이자 : 42%
배당소득	원칙 : 14% 출자공동사업자배당 : 25% 비실명배당 :42%
사업소득	수입금액에 3%
근로소득	기본세율 (간이세액표)
연금소득	공적연금 : 기본세율
기타소득	원칙 : 20%
퇴직소득	기본세율
양도소득	거주자의 양도소득은 대상 아님

세부적으로는 조금 더 복잡합니다. 그러나 일반적으로 사업을 하면서 대부분의 사장님들이 접할 원천징수는 상기 표로 충분히 정리가 될 것이라고 생각합니다. 혹 추가적으로 알아보시고 싶으신 분들을 위해서 별도로 관련 법령을 명시하였습니다.

62) 소득세법 제129조(원천징수세율)

3. 퇴사한 직원에게 발급해야 하는 서류
[이직확인서, 근로소득원천징수영수증]

일정기간 근무하던 직원이 퇴사하면 퇴직금을 지급해야 합니다. 여기까지는 대부분의 사장님들이 알고 있습니다. 하지만 이 외에도 이직확인서나 근로소득원천징수영수증을 챙겨주는 것이 좋습니다.

해당 서류는 앞서 이야기한 원천징수이행상황 신고서처럼 세법상 회사가 반드시 작성하여 주는 서류는 아닙니다. 이직확인서의 경우에는 근로자가 퇴직 후 실업급여를 수령하기 위해 필요한 서류이고 퇴직자에 대한 근로소득원천징수영수증은 이직 후 해당 회사에서의 연말정산 등을 위해 필요한 서류이기 때문입니다.

이직확인서에서는 퇴사 사유 기재가 중요합니다. 이직확인서의 퇴사 사유와 상실신고 시에 상실 사유가 동일해야 합니다. 또한 상실 사유에 따라서 실업급여 대상에서 제외되기도 합니다. 예를 들어 자발적 퇴사의 경우에는 실업급여를 받을 수 없습니다.

간혹 퇴사하는 근로자가 실업급여를 받기 위해 회사에 '경영상 사정으로 인한 권고사직 등'으로 변경하여 신청해 줄 것을 요청하기도 합니다. 그 동안의 정 때문에, 혹은 다른 사유 때문이던 사실과 다른 사유를 기재할 경우 과태료 대상에 해당합니다. 또한 회사가 고용과 관련된 보조금을 받고 있는 경우 권고사직 등의 경우에는 보조금 대상에서 제외될 수 있으므로 주의가 필요합니다.

퇴사한 직원에게는 근로소득원천징수영수증을 발행해주어야 합니다.

퇴사한 직원이 몇 달 뒤 회사에 전화해서 뜬금없이 이야기 합니다.

'사장님 그거, 그, 그 어떤 서류 주셔야 한다고 하는데요?'

근로소득원천징수영수증이라는 표현이 사실 세법을 공부하지 않은 일반인들의 경우에는 쉽지 않습니다. 사장님도 당황스럽고 갑자기 전해들은 세무사도 당황스럽습니다. 대명사만 왔다 갔다 합니다. 물론 천천히 이야기를 들어 보면 '퇴사한 직원이 요청하는 서류'라는 키워드로 '아, 근로소득원천징수영수증을 말씀 하시는 거구나'하고 알아차립니다.

저도 다른 일을 하다 갑자기 '그것, 그, 있잖아요.' 하는 말만 들으면 당황스럽습니다. 세무사를 통하지 않고 원천세 업무를 처리하시는 사장님들의 경우에는 더 당황스러울 것이라고 생각됩니다. 퇴사한 직원이 어느 날 서류를 요청한다면, 십중팔구 근로소득원천징수영수증입니다.

참고적으로 퇴직한 근로자의 근로소득 관련 업무 과정을 살펴보면 다음과 같습니다.

퇴사한 근로자는 퇴사한 회사로부터 근로소득원천징수영수증을 받아서 이직한 회사에 제출합니다.

이직한 회사에서는 이전 회사에서 원천징수한 내용을 바탕으로 다음 해 2월 연말정산을 진행하고 해당 근로자의 근로소득에 대한 정산이 마무리 됩니다.

물론 전 직장에서 근로소득원천징수영수증이 없어도 근로자의 근로소득을 정산할 수는 있습니다. 이 경우에는 근로자가 5월 달에 종합소득세 신고를 해야 합니다. 신고대리를 맡길 경우 비용이 들고 스스로 하자니 근로자 입장에서는 매우 번거로울 수 있습니다.

최근에는 회사에서 퇴직자에게 근로소득원천징수영수증을 발행해주지 않아도 근로자가 홈택스를 통해서 스스로 이전 직장에 근로소득원천징수영수증을 발급받을 수 있습니다.

하지만 여전히 근로소득원천징수영수증을 작성할 필요는 있습니다. 회사에서 근무한 기간에 대해서 '중도퇴사자 정산'이라고 하여 일종에 간이 연말정산을 거쳐야 하기 때문입니다. 중간에 근무한 기간 동안에 소득을 모아 회사가 이미 징수한 금액과 징수했어야할 금액을 비교하여 정산하는 과정을 말합니다. 연말정산을 기중에 한번 하고 넘어간다고 생각하면 될 것 같습니다.

02

노무와 관련된 신고 누락은 가산세를 유발한다

1. 급여 외에 기타소득, 퇴직금이 발생했다면?

앞서 간략히 언급했던 것처럼 급여 외에 다른 소득을 지급하는 경우에도 원천징수를 해야 합니다. 매달 지급하는 급여에 대한 원천징수와는 달리 다른 소득에 대해서는 원천세 신고를 깜박하고 누락하기 쉽습니다.

원천세를 과소하게 신고하거나 납부하지 않은 경우에는 가산세가 부과됩니다. 과소하게 납부한 경우 과소납부한 세액에 100분의 3에 해당하는 세액이, 지연하여 납부한 경우에는 납부세액에 0.022%에 일수를 곱한 금액만큼 부과됩니다.

※ **원천징수불성실 가산세**[63]

(납부세액×3%)+(납부세액×0.022%×일수)

특히나 사업자등록을 하지 않은 개인으로부터 인적용역을 공급받은 경우 사업소득으로 처리해야 하는지 기타소득으로 처리해야 하는지 헷갈리기만 합니다. 실제로 사업소득으로 처리해야 하는 기타소득으로 처리해야 하는지를 놓고 문의를 많이 주시기도 합니다.

사업소득, 기타소득을 구분하는 것은 중요합니다.

예를 들어 5,000,000원을 지급해야 하는 경우를 가정해봅시다. 사업소득의 경우 165,000원(3.3%)를 원천징수하게 됩니다. 반면 기타소득으로 볼 경우 5,000,000원에 필요경비(60%)[64]를 차감한 2,000,000원에 20%인 400,000원을 원천징수합니다. 지방소득세(10%)까지 포함한다면 440,000원이 되겠죠.

요약하면 다음과 같습니다.

사업소득 : 5,000,000원 × 3.3% = 165,000원

기타소득 : 5,000,000원 × (1 – 60%) × 22% = 440,000원

63) 국세기본법 제47조의5(원천징수 등 납부지연가산세)

64) 기타소득의 종류에 따라 필요경비(60%)는 다를 수 있습니다.

가정치가 들어있기는 하지만 사례의 경우 275,000원 정도 차이가 발생합니다. 금액이 크거나 빈도가 잦다면 더 차이가 크게 발생할 것입니다.

만약 기타소득을 사업소득으로 잘못 신고하였다면 275,000원에 대해서 3%의 가산세에 더해 납부할 때까지의 일수에 0.022%의 가산세가 매일 추가적으로 발생할 것입니다.

그럼 사업소득과 기타소득을 어떻게 구분해야 할까요? 세법에서는 사업소득이란 일반적으로 개인이 독립된 지위에서 영리를 목적으로 계속, 반복적으로 행하는 사업에서 얻어지는 소득으로 봅니다. 반면 기타소득은 이자소득, 배당소득, 사업소득, 근로소득, 연금소득, 퇴직소득 및 양도소득 외의 소득으로 하고 있습니다.

판례를 보면, 사업소득인지 기타소득인지를 두고 법적 분쟁까지 간 사례들도 많이 보입니다. 실무적으로 나타날 수 있는 수많은 케이스들이 있는 만큼 파악하기 어려운 것이 당연합니다. 게다가 일상적으로 지급하는 소득이 아닌 경우 사장님들이 더욱 어려워 하실 법 합니다.

사업소득과 기타소득을 구분하는 요령이 있습니다. 계속성, 반복성에 대한 유무입니다. 계속성, 반복성이 있다면 사업소득입니다.

소득, 서울행정법원-2016-구합-9213. 2017.05.19.

[전심사건번호]
조심-2016-서-2841 (2016.10.19)

[제 목]
기타소득이 아닌 사업소득으로 보아 과세한 것은 적법함

[요 지]
고문계약에 따른 원고의 자문 등 용역제공활동은 계속적·반복적으로 이뤄진 것으로 그 대가로 지급받은 보수는 사업소득에 해당함

회사에서 사업소득으로 원천징수하여 신고했다면 소득을 받은 자는 종합소득세 신고를 해야 합니다. 사업소득의 경우 원천징수로 납세의무가 종결되지 않습니다. 원천징수했던 세금은 종합소득세 신고시 기납부세액(이미 연중에 낸 세금)으로 차감되고 차액만 납부하게 됩니다. 간혹 종합소득세 신고를 누락하여 가산세를 부담하시는 분들이 계십니다. 주의가 필요합니다.

2. 지급명세서, 간이지급명세서 신고는 언제 해야 할까?

원천세 신고와 같이 특정한 원천징수 대상 소득에 대해서 사업자는 지급명세서 제출 의무를 가집니다. 이런 지급명세서 제출 의무는 크게 (근로·사업등)지급명세서와 간이지급명세서로 구분하여 볼 수 있습니다.

(근로·사업등)지급명세서의 경우 세부적으로는 근로·퇴직·사업·종교인소득·연금계좌소득 지급에 대해서 다음연도 3월 10일까지 제출하고, 일용근로소득은 지급일이 속하는 달의 다음 달 말일, 이자·배당·기타소득 등 그 밖의 소득은 지급일이 속하는 연도의 다음 연도 2월 말일까지 제출합니다.

이를 요약하면 다음과 같습니다.

구분	제출시기
근로, 퇴직, 사업, 종교인, 연금	다음연도 3월 10일
일용근로소득	지급일이 속하는 달의 다음 달 말일
이자, 배당, 기타소득 등	지급일이 속하는 연도의 다음 연도 2월 말일

상기 지급명세서 외에 간이지급명세서도 있습니다. 간이지급명세서는 근로소득, 거주자의 사업소득으로 구분하여 볼 수 있습니다.

구분	제출시기
거주자의 사업소득	지급일이 속하는 달의 다음 달 말일
근로소득간이지급명세서	지급일이 속하는 반기의 마지막 달의 다음 달 말일

※ 근로소득간이지급명세서는 최근 매월 제출하는 개정안이 발의되었습니다.

이러한 지급명세서는 전자제출이 원칙입니다. 전자적 방법으로 제출하는 방법은 홈택스에서 신청/제출을 통해 할 수 있습니다.

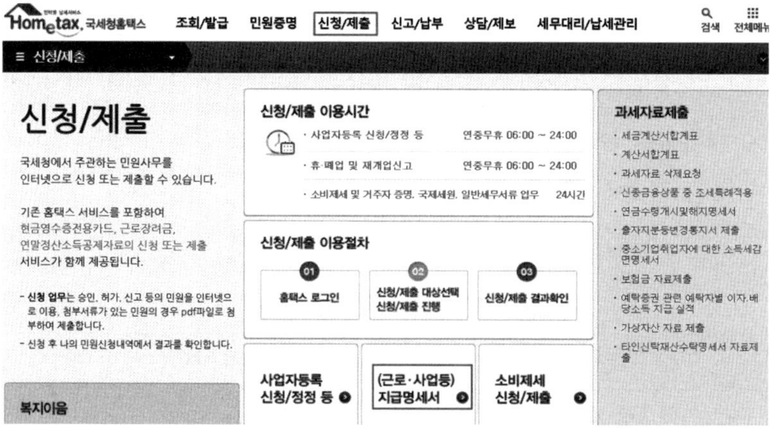

지급명세서에도 가산세가 있습니다. 지급명세서를 기한 내에 제출하지 않았거나 제출된 지급명세서가 불분명한 경우 혹은 기재된

지급금액이 사실과 다른 경우에는 제출하지 않은 금액 또는 불분명한 지급금액에 대해 가산세를 부과합니다.[65)] [66)]

지급명세서는 또 원천세와 엮입니다. 지급금액이 잘못되면 원천세 신고가 잘못되고, 원천세 신고가 잘못되면 지급명세서가 잘못 됩니다 또 법인세, 소득세에 비용 계정이 틀어집니다. 수정신고해야 할 것들이 눈덩이처럼 늘어나죠. 가산세도요.

이 말은 한편으로는 하나라도 잘못 신고하면 바로 알 수 있다는 말이기도 합니다. 각각의 신고를 진행하면서 이전에 신고했던 내용들을 한 번 더 확인해서 자가 검증할 필요가 있습니다.

참고로 가산세 적용 대상이 되는 지급명세서 불분명한 경우는 다음과 같습니다.[67)] [68)]

① 제출된 지급명세서에 지급자 또는 소득자의 주소·성명·납세번호나 사업자등록번호·소득의 종류·소득의 귀속연도 또는 지급액을 기재하지 아니하였거나 잘못 기재하여 지급사실을 확인할 수 없는 경우

---

65) 소득세법 제81조의11(지급명세서 등 제출 불성실 가산세)

66) 법인세법 제75조의7(지급명세서 제출 불성실 가산세)

67) 소득세법 시행령 제147조의7(지급명세서 제출 불성실 가산세)

68) 법인세법 시행령 제120조 제9항

② 제출된 지급명세서 및 이자·배당소득지급명세서에 유가증권표준코드를 적지 아니하였거나 잘못 적어 유가증권의 발행자를 확인할 수 없는 경우

③ 제출된 지급명세서에 이연퇴직소득세를 적지 아니하였거나 잘못 적은 경우

3. 취득신고? 상실신고?

직원을 고용하고 나면 취득신고를 해야 한다는 이야기를 듣습니다. 처음 취득신고라는 표현을 들으면 매우 낯설게 느껴질 수 있습니다. 국민연금, 건강보험 등에 가입시키는 것을 취득신고라고 합니다. 반면 고용관계가 종결되고 나서 이를 신고하는 것을 상실신고라고 합니다. 4대보험가입자격을 취득하고 상실한다는 표현입니다. 어감이 조금 어색한 느낌이 있지만 실제 사용하는 표현입니다.

국민연금과 건강보험, 장기요양보험의 경우 회사와 근로자가 반반씩 부담 합니다. 여기에 사업자 부담이 큰 고용보험과 전적으로 사업자 부담인 산재보험까지 들고 나면 사업자 입장에서는 상당히 부담스러울 수 있습니다.

또 근로자 입장에서도 4대보험을 제하고 급여를 받을 경우 실수령액이 줄어들기 때문에 4대보험 가입을 꺼리기도 합니다. 이렇게 사장님과 근로자의 이해관계가 맞아들어가다 보니 간혹 4대보험 가입을 누락하는 경우가 있습니다. 당장에는 문제가 발생하지 않을 수 있지만 추후 과태료 문제가 발생할 수 있습니다.

논외이지만 근로계약서도 마찬가지입니다. 간혹 근로계약서를 작성하지 않고 마는 경우가 있는데 이 역시 과태료 등 제재가 있을 수 있습니다.

직원을 채용하면 4대 보험 취득신고를 진행해야 합니다. 원칙적으로 국민연금은 다음 달 15일까지이고 건강보험, 고용보험, 산재보험은 14일 이내입니다. 상실신고 역시 마찬가지입니다. 신고서는 국민연금, 건강보험, 고용보험, 산재보험 양식이 동일합니다.

또한 국민건강보험 피부양자가 있는 경우 피부양자 관계, 성명, 주민등록번호, 보훈보상대상자, 외국인 유무 등을 기재하는 별도의 서식을 추가로 작성하여야 합니다.

신고는 사업장 소재지근처 국민연금지사 등에 신고하며 신고방법은 방문, 우편, FAX, 국민연금 EDI 등의 방법을 통해 가능합니다.

4대사회보험 정보연계센터(https://www.4insure.or.kr)에 접속 후 우측 하단의 4대사회보험 기관지사찾기를 이용하면 쉽게 본인의 지사를 찾을 수 있습니다. 4대 보험 관련 업무 중 문의 사항이 있는 경우에도 해당 사이트의 서비스를 이용하면 보다 쉽게 업무를 처리할 수 있습니다.

상실신고 시 상실 사유 코드를 입력해야 합니다. 상실사유 코드에는 다음과 같이 열거되어 있습니다.

11. 개인사정으로 인한 자진퇴사
12. 사업장 이전, 근로조건변동, 임금체불 등으로 자진퇴사
22. 폐업, 도산
23. 경영상 필요 및 회사불황으로 인원감축 등에 의한 퇴사 (해고, 권고사직, 명예퇴직 포함)
26. 근로자의 귀책사유에 의한 징계해고, 권고사직
31. 정년
32. 계약기간 만료, 공사 종료
41. 고용보험 비적용
42. 이중고용

이직확인서 작성 시 상실신고서에 작성한 상실 사유 내용과 일치하여야 합니다. 상실 사유는 근로자의 실업급여 수령 여부와 관련되어 분쟁의 소지가 있을 수 있습니다. 또한 고용 관련 보조금을 받고 있다면 관련 보조금 수령 여부에 영향을 주기도 합니다. 간혹 상실 사유를 명확하게 표기하지 않거나 사실과 다르게 표기 혹은 착오로 다르게 작성하여 문제가 발생하는 경우가 있습니다. 상실 신고서 작성 및 이직확인서 작성 시에 해당 부분에 보다 유념하여야 합니다.

■ 국민연금법 시행규칙 [별지 제7호서식] <개정 2022. 6. 28.>

국민연금 [ ]사업장가입자 자격상실 신고서　건강보험 [ ]직장가입자 자격상실 신고서
고용보험 [ ]근로자 피보험자격상실 신고서　산재보험 [ ]근로자 자격상실 신고서

※ 유의사항 및 작성방법은 뒤쪽을 참고하시고, 색상이 어두운 난은 신고인이 적지 않습니다.
※ 같은 사람의 4대 사회보험의 상실일자가 다른 경우 유의사항을 읽고 작성하시기 바랍니다.

(앞쪽)

접수번호	접수일자	처리기간	3일(고용보험 및 산재보험의 경우에는 7일)

사업장	사업장관리번호	명칭	전화번호	팩스번호
	소재지			우편번호(　　-　　)
보험사무대행기관	명칭	번호	하수급인 관리번호(건설공사등의 미승인하수급인만 해당합니다)	

일련번호	성명	주민등록번호(외국인등록번호·국내거소신고번호)	전화번호(휴대전화번호)	상실연월일(YYYY.MM.DD)	국민연금		건강보험					[ ]고용보험 [ ]산재보험			
					상실부호	초일취득·당월상실자 납부여부	상실부호	연간 보수 총액				상실 사유		해당 연도 보수 총액	전년도 보수 총액
								해당 연도		전년도		구체적 사유	구분코드	고용보험	고용보험
								보수 총액	근무 개월수	보수 총액	근무 개월수			산재보험	산재보험
						희망 [ ]									
						희망 [ ]									
						희망 [ ]									
						희망 [ ]									

위와 같이 자격상실(고용종료) 사항을 신고합니다.

년　　월　　일

신고인·확인인(사용자·대표자)　　(서명 또는 인) / [ ]보험사무대행기관　　(서명 또는 인)

국민연금공단 이사장/국민건강보험공단 이사장/근로복지공단 지역본부(지사)장 귀하

297mm×210mm[백상지(80g/㎡) 또는 중질지(80g/㎡)]

4. 번거로운 원천세 몰아서 내고 싶다면?

원천세는 지급일이 속하는 달의 다음 달 10일까지 신고, 납부하는 것이 원칙입니다. 그러나 고용인원이 몇 되지 않는 작은 업체에서 매달 원천세 신고를 하는 것은 여간 번거로운 일이 아닙니다. 그래서 세법에서는 상시고용인원과 업종에 따라 반기별로 신고 납부하는 것을 허용하고 있습니다.[69]

반기별로 신고 납부하기 위해서는 우선 직전 과세기간의 상시고용인원이 20명 이하이어야 합니다. 만약 신규로 사업을 개시한 사업자라면 신청일이 속하는 반기의 상시고용인원이 20명 이하이면 됩니다.[70]

상시고용인원이 20명 이하인 사업자라면 반기의 직전월에 원천징수 관할세무서장에게 신청하면 됩니다.

신청을 받으면 세무서장은 신청일이 속하는 반기의 다음 달 말일까지 가부를 통지합니다. 만약 통지를 받지 못한다면 승인 받은 것으로 간주하게 됩니다.

---

69) 소득세법 제1258조(원천징수세액의 납부)

70) 소득세법 시행령 제186조(원천징수세액의 납부에 관한 특례)

구체적인 예시를 통해 살펴봅시다.

만약 올해 하반기부터 반기별 납부를 하고 싶다면 6월 1일부터 6월 30일까지 반기별 납부를 신청하면 됩니다. 만약 세무서장이 이를 승인한다면 당해 하반기 7월 1일부터 12월 31일까지의 급여 지급분에 대해서 다음연도 1월 10일까지 신고 납부할 수 있습니다.

또한 한번 반기별 납부 승인 신청을 하면 다시 추가로 반기별 납부 승인 신청을 할 필요는 없습니다.

신청기간	적용
6월 1일 ~ 6월 30일	7월 1일 ~ 12월 31일 급여 분 부터
12월 1일 ~ 12월 31일	다음연도 1월 1일 ~ 6월 30일 급여분부터

참고적으로 종교단체는 상시고용인원 요건과 관계없이 반기별신고 납부를 신청할 수 있으며, 납세조합이나 금융보험업 사업자는 반기별납부 대상에서 제외됩니다.

반기별납부는 서면신고나 홈택스를 통해서 신청할 수 있습니다. 홈택스 신청은 홈택스에서 「신청/제출」 → 「원천징수세액 반기별납부 승인신청」을 통해서 할 수 있습니다.

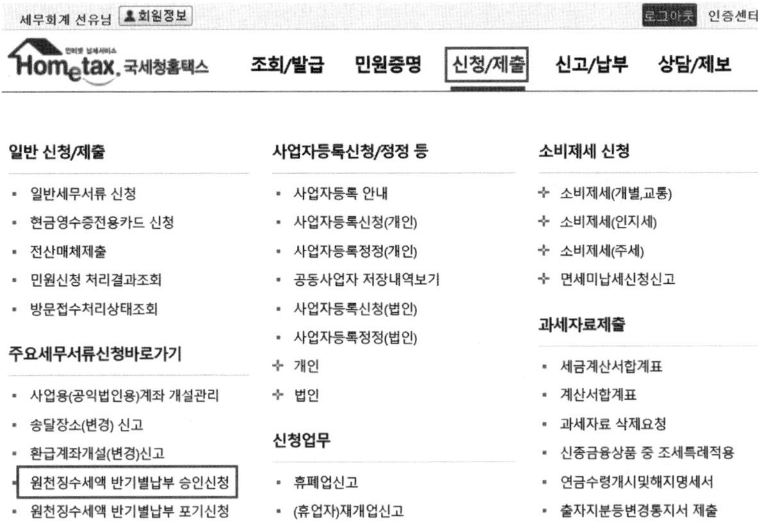

원천징수를 반기별로 신고 납부하던 업체가 기존의 원칙으로 돌아올 수도 있습니다. 이때에는 원천징수세액 반기별납부 포기신청서를 작성하시면 됩니다. 신고기간은 원천징수세액 반기별 납부 신청과 동일합니다.

근로자 수가 적은 사장님이라면 반기별 납부가 편리할 수 있습니다. 그러나 실무적으로 주의할 사항도 있습니다.

아무래도 6개월 치의 원천세를 한꺼번에 신고하는 것이다 보니 관련 자료를 잘 갖추지 못하는 경우가 종종 있습니다.

'세무사님 이번 하반기에도 급여 내용 변동 없습니다. 그대로 신고해주시면 됩니다'하는 말을 철석같이 믿고 원천세 신고를 진행했더니 사실은 다른 경우가 종종 발생한 경우도 그런 경우입니다. 중간에 상여로 근로자들에게 얼마 더 주셨었는데 몇 달이 지나다 보니 깜박하시고 말씀해주시지 않은 것이었습니다.

반기별로 원천세 신고를 하는 업체들의 경우 대다수 매월 기장을 하지 않습니다.(신고대리라고 합니다.) 그러다 보니 이러한 사실을 인지하는 것은 종합소득세나 법인세 신고할 때 통장을 확인하면서 발견됩니다.

이렇게 6개월치를 신고하다 중간에 급여 변동 내역을 빼먹거나 잘못 신고할 경우 원천징수 관련 가산세가 부과될 수 있습니다. 개인적으로 신고하는 경우라면 중간에 확인해줄 사람이 없으니 더더욱 조심하셔야 합니다.

이런 내용들이 나중에 세무조사로 발견된다면 그 동안에 납부하지 않은 금액에 대해서 지연 가산세가 추가로 눈덩이처럼 붙습니다. 더불어 원천세는 종합소득세나 법인세에서 비용으로 들어간 부분이 있으므로 소득세, 법인세 관련 가산세도 추가로 발생할 수 있습니다.

그래서 때때로 세무사를 사용하는 업체의 경우에는 차라리 매달 신고 납부하는 것을 권하기도 합니다. 조금은 귀찮으실 수도 있으시겠지만 매달 세무사가 전화로 확인 하고 신고가 이루어지므로 놓치는 부분이 더 적습니다.

게다가 최근 근로소득간이지급명세서도 매월 제출하는 방향으로 개정안이 올라간 상태입니다. 소상공인들과 세무사들이 모두 반대하고 있으나 통과될 것이 유력해 보입니다. 개정될 경우 매월 신고하지 않는다면 추가적으로 가산세까지 발생합니다. 소상공인들에 부담을 줄여줘도 모자랄 판에 오히려 부담을 가중시키는 개정이라 아쉬움이 남습니다.

■ 소득세법 시행규칙 [별지 제21호의2서식] <개정 2018. 3. 21.>

원천징수세액 반기별납부 승인신청서

(앞쪽)

접수번호	접수일자	처리기간

징 수 의무자 인 적 사 항	상 호(법인명)	[ ] 종교단체 * 해당되면 √표기	대 표 자	
	사 업 장 주 소		업 종	
	사업자등록번호		전 화 번 호	

상 시 고 용 인 원 수 의 계 산

① 반기별 납부를 적용하려는 연도의 직전 연도 1월부터 12월까지의 매월 말일 현재 고용인원 누계 (신규사업자의 경우 신청일이 속하는 반기의 매월 말일 현재의 고용인원 누계를 적습니다)		② 평균인원수 (① / 월수)	

근로소득 및 종교인소득 지급 및 징수 현황

(일용근로 소득은 제외)

(단위: 원)

월	인원	적 용 연 도		직 전 연 도		비 고
		총지급액	소득세 징수액	총지급액	소득세 징수액	
1월						
2월						
3월						
4월						
5월						
6월						
7월						
8월						
9월						
10월						
11월						
12월						
합 계	명					

년 월부터 매월 원천징수하는 세액을 반기별로 납부하기 위하여 「소득세법 시행령」 제186조제3항에 따라 승인을 신청합니다.

년 월 일

원천징수의무자 (서명 또는 인)

세 무 서 장 귀하

작 성 방 법

1. "② 평균인원수"란에는 평균인원수 계산결과 소수점 이하가 있을 경우 소수점 이하는 버리고 기재합니다.
2. "적용연도"의 총지급액(비과세포함)은 신청월의 전월까지 지급분을 기재합니다. 다만, 비과세 근로소득의 경우 「소득세법 시행령」 제214조제1항제2호의2 및 제2호의3에 해당하는 금액은 제외하며, 비과세 종교인소득의 경우에는 「소득세법」 제12조제5호아목에 해당하는 금액은 제외합니다.

※ "적용연도"란은 6월에 반기별납부 승인 신청을 하는 경우에 작성합니다. 다만, 신규사업자는 12월에 반기별 납부 승인 신청을 하는 경우에도 작성합니다.

3. 종교단체의 경우에는 상시 고용인원을 기재하지 않아도 됩니다.

210㎜×297㎜[백상지 80g/㎡(재활용품)]

【원천징수사무처리규정 별지 제4호 서식】

<table>
<tr><td colspan="5">원천징수세액 반기별납부 포기신청서</td></tr>
<tr><td rowspan="3">징수의무자 인적사항</td><td>상 호(법인명)</td><td></td><td>대 표 자</td><td></td></tr>
<tr><td>사 업 장 주 소</td><td></td><td>업 종</td><td></td></tr>
<tr><td>사업자등록번호</td><td></td><td>전화번호</td><td></td></tr>
<tr><td colspan="5">반기별 납부 포기 신청사항</td></tr>
<tr><td colspan="2">매월 납부하고자 하는 기간</td><td colspan="3">년 월 징수분부터</td></tr>
<tr><td colspan="5">반기별로 납부하던 원천징수세액을 매월 납부하기 위하여 반기별납부 포기 신청서를 제출합니다.

년 월 일

원천징수의무자 : 인

세무서장 귀하</td></tr>
<tr><td colspan="5">※ 유의사항

- 반기중에 신청서를 제출한 경우에는 신청서를 제출한 월의 다음달 10일까지 해당 반기의 첫번째 월부터 신청서를 제출한 월까지의 징수분에 대해 1장의 신고서를 따로 작성하여 제출하고 징수한 세액을 납부하여야 합니다.</td></tr>
</table>

210㎜×297㎜(신문용지 54g/㎡(재활용품))

03

사장님도 좋고 직원도 좋은 원천세 절세 노하우

1. 4대 보험도 절세가 가능하다

1) 채용 시기에 따라 4대보험이 달라진다

4대 보험은 엄밀히 말하면 세금이 아니지만 납세자 입장에서는 마치 세금처럼 느껴지는 것도 사실입니다. 여기서는 4대 보험을 조금이라도 줄일 수 있는 간단한 방법 하나를 설명하고자 합니다.

직원을 고용할 때는 매달 1일을 피하면 첫 달의 국민연금과 건강보험을 내지 않을 수 있습니다. 월급여 2백만 원인 직원 한 명을 가정할 경우, 대략 국민연금 90,000원, 건강보험료 70,900원, 요양보험

9,080원 정도를 줄일 수 있습니다. 합치면 187,980원입니다. 적은 돈이라면 적은 돈이겠지만 입/퇴사가 빈번하고 많은 회사의 경우에는 매달 1일을 피하는 것 하나만으로도 매년 수십, 수백 만 원의 보험료를 절약할 수 있습니다.

2) 육아휴직

저출산 문제 해결을 위한 정부 정책으로 각종 복지 정책들이 선보이고 있습니다. 최근에는 작은 중소기업에도 육아휴직이 점차 확대되어 가는 추세입니다. 육아휴직을 장려하는 정부 정책에 맞춰 건강보험에서도 육아휴직과 관련된 보험료 경감 규정을 두고 있습니다. 해당 규정을 잘 숙지하여 활용한다면 육아 휴직자에 대한 건강보험료를 경감할 수 있습니다.

경감 규정을 사용하지 않을 경우 육아휴직 후 복직 시 휴직 전월의 보수월액과 휴직기간 각 해당연도의 보험료율을 기준으로 휴직기간동안의 보험료를 산정하여 복직하여 최초로 보수를 지급하는 월에 육아휴직 기간의 보험료를 일괄 납부하여야 합니다. 그렇지 않으면 육아휴직기간 동안에 직장근로자로서의 건강보험 자격을 유지할 수 없습니다.

경감규정의 대상자는 육아휴직을 1개월 이상 사용한 직장가입자입니다. 육아휴직 건강보험료 경감을 신청하면 휴직기간 중 지급 받은 보수와 상관없이 휴직 전월 정산 전 보수월액보험료와 국민건강보험법 제49조 제6항에 따른 보수월액보험료 하한 금액을 적용하여 산정한 보수월액보험료와의 차액만큼을 경감합니다. 즉, 육아휴직기간의 건강보험료는 해당 연도 월별 보험료의 하한액이 됩니다. (2023년 건강보험료 하한액 : 19,780원)

회사에서는 우수한 인재의 장기근속을 위해 여러 가지 제도를 고려할 것입니다. 근로자들의 기본 급여 수준이 높을수록 단순히 연봉을 올려주는 방법으로는 강력한 유인을 제공할 수 없습니다. 일정 금액을 넘어서면 연봉 인상 분 대비 근로자들이 실제로 수령하는 금액이 확연히 차이 나기 때문입니다. 대기업에서 기본급 외 각종 복지제도를 계속 도입하는 것도 같은 이유입니다.

관련 신청 방법은 건강보험 EDI를 통해서 신청하거나 혹은 건강보험공단 문의를 통해 진행할 수 있습니다. [4대사회보험 정보연계센터(https://www.4insure.or.kr)에 4대사회보험 기관지사찾기]

최근에는 이와 관련하여 육아휴직 후 복직하는 이들에 대해서는 건강보험료를 완전히 면제해주는 법안이 상정되기도 했습니다.

이런 각종 혜택들은 사실 중소기업을 대상으로 더 많이 존재합니다. 그러나 실제로는 중소기업보다 대기업에서 이런 혜택을 더 찾아

받는 경우가 많습니다. 보험료 외에도 각종 공제 역시 마찬가지입니다. 제도적으로 지원하는 다양한 혜택들은 놓치지 말고 꼭 찾아 적용 받으시길 바랍니다.

2. 비과세 급여로 절세할 수 있다

회사가 지급하는 급여 전부에 대해서 소득세가 과세 되는 것은 아닙니다. 소득세법에서는 몇 가지 비과세 급여에 대해서 열거하고 있습니다.[71] 이런 비과세 급여를 알아두면 세법적인 측면에서도, 기업 경영적인 측면에서도 유리합니다.

소득세법은 누진세율을 기본으로 하고 있어 근로자의 급여가 올라가면 올라갈수록 적용받은 세율이 높아집니다. 또한 각종 세액공제 등의 규정이 급여와 연계되어 설정되어 있기 때문에 급여 구간에 따른 세부담 증가는 더욱 극명해 집니다.

이런 세율구조는 회사 입장에서 근로자들의 근로 의욕을 불러일으키는데 부정적입니다. 일을 잘해서 상여금을 잔뜩 줬는데 세금 다 떼고 근로자 손에 들어가는 금액이 얼마 되지 않는다면 근로자 입장에서 상여로 인한 근로 유인 효과가 작아지기 때문입니다.

이때 세법적으로 활용할 수 있는 것이 바로 비과세 급여입니다. 근로자에게 제공하는 인센티브로 비과세 급여를 적극적으로 활용한다

71) 소득세법 제12조(비과세소득)

면 보다 직접적으로 근로자에 근로의욕을 북돋울 수 있을 것입니다.

세법에서 비과세 급여로 열거하고 있는 대표적인 내용은 다음과 같습니다.

- 사택제공에 따른 이익(출자 임원에 대한 것 제외)
- 단체 순수, 환급부 보장성보험료 중 연 70만 원 이하 금액
- 사회통념상 타당하다고 인정되는 범위 내의 경조금
- 학교, 직업능력개발훈련시설의 학자금 등
- 자기차량운전보조금
- 벽지 근무에 따라 받는 벽지수당
- 수도권 외의 지역으로 이전하는 직원에게 한시적으로 지급하는 이전 지원금
- 일직료, 숙직료, 여비
- 국외 등 근로 급여(월 100만 원 이내 금액 비과세)

예를 들어, 기존에 업무 수행과 관련하여 발생한 차량유지비에 대해 별도로 급여를 지급해 오지 않았다면 기본급을 올려주는 대신 차량유지비로 200,000원의 급여를 책정한다면 이에 대해서는 소득세가 과세되지 않을 것입니다. 근로자 입장에서는 세금부담 없이 최대 2,400,000원의 연봉이 증가하는 효과를 얻습니다. 회사 입장에서도 회사 경영에 긍정적인 영향을 미칩니다.

제조업을 영위하는 회사라면 생산직근로자에 대한 비과세 규정을 적극적으로 활용할 수도 있습니다. 월정급여 210만 원 이하이면서 직전 과세기간 총급여액이 3,000만 원 이하인 근로자의 경우 시간 외 근무수당에 대해서 연 240만 원까지 비과세를 적용받을 수 있습니다.

알고 보면 간단한 내용이지만 이런 내용들을 모르고 수년간 급여를 지급해온 회사들도 존재합니다. 그리고 보통 그런 회사일수록 근로자들의 불만도 많고 이직도 잦습니다. 동종 다른 업체에서는 얼마를 받는데, 우리회사는 얼마를 준다고 하면 불만이 생기는 것은 당연할 것입니다. 우수한 인재가 유출될 확률도 높습니다.

3. 아르바이트 4대보험 꼭 지급해야 하는 걸까?

아르바이트를 고용해서 사용하는 일이 잦은 사장님들의 경우 아르바이트에 대한 4대 보험 때문에 골머리를 앓습니다.

아르바이트생들은 4대 보험을 떼고 급여를 받으면 아무래도 급여가 적어지다 보니 4대 보험 가입을 꺼리고, 그렇다고 4대 보험 가입을 시키지 않자니 과태료가 걱정됩니다.

아르바이트 4대보험 꼭 가입해야 할까요?

우리가 흔히 말하는 아르바이트는 법률상 정식적인 용어가 아닙니다. 법에서는 아르바이트는 일용직 근로자 또는 단시간 근로자로 분류할 수 있습니다. 그리고 일용직 근로자인지 단시간 근로자인지 여부에 따라 4대 보험 가입 의무가 달라지기도 합니다.

일반적으로 일용직 근로자라고 하면 1개월 미만 고용된 자를 말합니다. 반면 단시간근로자는 1개월 이상 고용되지만 월소정근로시간이 60시간 미만이고 1주 소정근로시간이 15시간 미만인 근로자를 말합니다.

국민연금에서는 원칙적으로는 일용근로자와 단시간근로자는 가입대상이 아닙니다.[72] 다만 예외적으로 일용근로자 중 근로기간이 1개월 이상이면서 1개월 동안 소정근로시간이 60시간 이상이거나 8일 이상인 자 또는 1개월 동안 월 소득 220만 원 이상인 자는 국민연금에 가입해야 합니다.

건강보험 역시 일용근로자와 단시간근로자는 가입대상에서 제외됩니다. 다만 일용근로자 중 고용기간이 1개월 이상이면서 1개월 동안 근로일수가 8일 이상인 자는 가입대상에 해당합니다.[73]

고용보험의 경우 1개월 간 소정근로시간이 60시간 이상인 자는 가입대상에 해당합니다. 또한 3개월 이상 계속해서 근로를 제공한 자 그리고 일용근로자 모두 가입대상에 해당합니다.[74]

마지막으로 산재보험의 경우 일용근로자이든 단시간근로자이든 관계없이 모두 가입해야 합니다.[75]

---

72) 국민연금법 시행령 제2조(근로자에서 제외되는 사람)

73) 국민건강보험법 제6조(가입자의 종류)

74) 고용보험법 시행령 제3조(적용 제외 근로자)

75) 산업재해보상보험법 시행령 제2조

구분	일용	단시간
국민연금	월 8일 이상 (1개월 이상), 또는 월 60시간 이상, 또는 월소득 220만 원 이상	1개월 60시간 이상 1주 15시간 이상 (가입 희망자에 한함)
건강보험	월 근로일수 8일 이상 1개월 이상 가입	1개월 60시간 이상 1주 15시간 이상
고용보험	모두 가입 대상	3개월 이상 근무 가입 대상
산재보험	모두 가입 대상	모두 가입 대상

4. 노무와 관련된 다양한 세제 혜택과 정책 보조금을 꼭 챙기자

보험사 등을 통해서 전문적으로 경정청구 영업을 하는 세무법인들이 있습니다. 여기서 경정청구란 더 낸 세금을 돌려받는 것으로 이해하면 됩니다. 더 낸 세금이 있으니 세무서에 말해서 돌려받아주겠다는 것입니다.

경정청구 사유는 다양합니다. 그러나 이중 가장 빈번한 경정청구 사유는 경험상 고용과 관련된 세액공제입니다. 과거 관련 공제로는 고용을 증대시킨 기업에 대한 세액공제[76], 청년고용을 증대시킨 기업에 대한 세액공제[77], 중소기업 사회보험료 세액공제[78]가 있었습니다.

세무사를 통하지 않고 신고를 하거나 혹 세무사를 통하더라도 해당 공제를 적용받지 않고 넘어가는 경우가 빈번합니다. 그래서 해당 공제를 전문적으로 경정청구 해주는 세무법인들도 존재합니다.

---

76) 조세특례제한법 제29조의7(고용을 증대시킨 기업에 대한 세액공제)

77) 조세특례제한법 제29조의5(청년고용을 증대시킨 기업에 대한 세액공제)

78) 조세특례제한법 제30조의4(중소기업 사회보험료 세액공제)

다만 해당 공제를 다 적용받는 것이 무조건 유리한 것은 아닙니다. 해당 공제를 적용하고 나면 일정기간 계속해서 공제요건을 충족해야 합니다. 만약 요건을 충족하지 못하면 공제 받았던 세액을 모두 토해내야 합니다. 애꿎은 경정청구 수수료만 날아가는 수가 있습니다.

최근 세무사업계에 경쟁이 치열해지면서 이를 바탕으로 기존 기장 세무사를 탓하며 굉장히 공격적으로 영업을 하기도 합니다.

기장을 담당하는 세무사들이 기업의 업태, 상황 등을 보고 사후관리 충족이 어려울 것 같아 상기 규정을 잘 적용해주지 않는 경우도 있습니다.

물론 이 경우에도 원칙적으로 대표님에게 해당 규정에 대한 설명을 드리는 것이 맞습니다. 사후 관리 규정을 설명해주지 않는 경정전문 세무법인, 대표에게 이야기 없이 세액공제를 해주지 않은 기장 담당 세무사 모두 잘못입니다.

여기서 이와 관련해서 놓치기 쉬운 노무 관련 세제 혜택 규정들을 소개하고자 합니다.

■ 통합고용세액공제

통합고용세액공제는 고용증대 세액공제를 중심으로 5개의 고용지원 제도를 통합하여 신설한 제도입니다. (과거 고용증대 세액공제, 사회보험료 세액공제, 경력단절여성 세액공제, 정규직 전환 세액공제, 육아휴직 복귀자 세액공제)

해당 과세기간의 상시근로자 수가 직전 과세기간의 상시근로자 수보다 증가한 경우에는 해당 과세연도와 해당 과세연도의 종료일부터 1년(중소기업 및 중견기업의 경우에는 2년)이 되는 날이 속하는 과세연도까지 소득세 또는 법인세를 공제합니다. 증가한 고용인원에 대해 일정 금액을 세액 공제 해준다고 이해하면 쉬울 것 같습니다.

청년 정규직 근로자의 경우(장애인, 60세 이상 근로자, 경력단절 여성 등 포함) 증가한 인원수에 400만 원을 공제합니다. (중견기업 800만 원, 중소기업 수도권 내 1,450만 원, 수도권 밖 1,550만 원). 청년 등 상시근로자 외의 경우에는 중소기업은 수도권 내의 경우 850만 원, 수도권 밖의 경우 950만 원을 공제합니다. (중견기업의 경우 450만 원)

만약 공제 후 2년 간 상시근로자 수가 감소한다면 법률에 따라 계산한 금액을 추징합니다.

※ 통합고용세액공제[79)]

* 대상

①, ② 상시근로자 수가 증가한 경우

③ 상시근로자 수가 감소하지 않은 경우

* 금액

① 청년정규직, 장애인, 60세 이상, 경력단절여성 등

- 일반기업 400만 원
- 중견기업 800만 원
- 중소기업 수도권 내 1,450만 원, 수도권 밖 1,550만 원

② 상기 외 근로자

- 중견기업 450만 원
- 중소기업 수도권 내 850만 원, 수도권 밖 950만 원

* 사후관리 : 2년 간 상시근로자 수가 감소하는 경우 추징

③ 정규직 전환자, 육아휴직 복귀자

- 중견기업 900만 원
- 중소기업 1,300만 원

* 사후관리 : 전환일 또는 복직일부터 2년이 지나기 전에 해당 근로자와의 근로관계를 종료하는 경우 추징

79) 조세특례제한법 제29조의 8(통합고용세액공제)

이 외에도 중소기업에 대한 특별세액감면[80]도 매우 빈번하게 적용하는 세액공제 중에 하나입니다. 자주 적용하는 것은 아니나 투자 지출이 발생한 경우에는 각종 투자세액공제도 존재하니 꼭 한번 살펴볼 필요가 있습니다.

대부분의 세액공제는 조세특례제한법에 있습니다. 조세특례제한법에 많은 규정들은 세법적인 측면보다는 조세 정책적인 측면에 영향을 많이 받습니다. 그래서 조세특례제한법과 관련된 규정은 매년 변동사항도 많습니다. 보통 고용, 투자, 연구개발, 합병 등의 이슈와 관련하여 공제받을 경우가 많이 발생하므로 해당 연도에 상기와 같은 이슈가 발생한 경우 공제받을 수 있는 세액공제가 없는지 검토해 보는 것을 추천 드립니다.

80) 조세특례제한법 제7조(중소기업에 대한 특별세액감면)

5. 흔히 오해하는 바뀐 노무 규정

변호사들의 조세법 선택률이 2.13%[81]인 것처럼 사실 세무사도 노무와 관련된 업무를 하긴 하지만 노무 업무에 특화되어 있지는 않습니다. 그러다 보니 노무를 전문으로 하는 노무사에 비해 노무와 관련된 부분은 부족한 점이 많다고 생각합니다. 아무래도 전문적으로 다루는 세법 외적인 분야이기 때문이겠죠.

세무사들이 정보를 교류하는 모임에서 5인 미만 사업장이면 퇴직금을 의무적으로 지급하지 않아도 된다는 이야기가 회자된 적이 있었습니다. 세무사뿐만 아니라 실제로 사장님들 중에서도 많은 분들이 5인 미만 사업장이면 퇴직금 지급 의무가 없다고 생각하고 계십니다.

그러나 2010년 12월 1일 이후부터 5인 미만 사업장이라고 하더라도 퇴직금을 지급해야 합니다. 참고적으로 별도로 합의를 하지 않은 한 원칙적으로는 퇴직사유가 발생한 날로부터 14일 이내 지급해야 합니다. 개정된 지 한참이 지났지만 아직도 이와 관련해서 잘못 알고 계시는 분들이 많은 만큼 주의가 필요합니다.

---

81) 제1~5회 변호사시험 선택과목 응시인원 및 합격률. 법무부.

PART 4

개인사업자라면 피해갈 수 없는 세금

종합소득세

01

종합소득세 신고는 왜?

1. 세무사는 왜 다른 소득에 대한 증빙을 요구할까?

우리나라에 대다수 국민들은 급여생활자입니다. 그러다 보니 5월 종합소득세 신고는 사업자만 하는 것으로 오해를 하고 계신 경우가 많습니다. 그러나 근로소득 외에 다른 이자소득, 배당소득, 사업소득, 연금소득, 기타소득이 있는 사람은 종합소득세 신고 대상자에 해당할 수 있습니다. 예를 들어 근로소득과 기타소득만 있는 경우에도 종합소득세 신고 대상자에 해당할 수 있습니다.

이처럼 종합소득세 신고는 이자소득, 배당소득, 사업소득, 근로소득, 연금소득, 기타소득을 모두 종합하여 신고, 납부하는 세목입니다. 따라서 종합소득세 신고를 원활하게 하기 위해서는 납세자의 소득에 대한 다양한 정보가 필요합니다.

이렇게 종합한 세금을 그냥 납부하는 것이 아닙니다. 세법에서는 종합소득세에 대해서 다양한 공제, 감면 규정들을 두고 있습니다. 이러한 공제를 적용받기 위해서는 공제 대상에 해당하는지 여부를 판단할 다양한 자료들이 필요합니다.

세무사들이 종합소득세 신고를 하는데 이런저런 자료를 왕창 달라고 요청하는 이유입니다. 경우에 따라서 조금씩 차이가 있기는 하지만 일반적으로 종합소득세 신고를 위해서는 다음의 자료는 준비하는 것이 좋습니다.

1) 종합소득세 신고안내문
2) 주민등록등본
3) 가족관계증명서
4) 기부금 납입증명서
5) 건강보험 납입 확인서
6) 경조사비 등 지출내역
7) 사업장소득 외 타 소득 자료 등

다행인 것은 대다수 홈택스를 통해 확인 할 수 있는 자료들이라는 것입니다.

일반적으로 종합소득세 신고 대상자가 되면 국세청에서 종합소득세 신고 안내문을 발송합니다. 사업소득이 없는 경우에도 종합소득세 신고 납부 대상이 될 수 있다는 사실을 모르고 있었던 분이라도 보통 안내문을 보고 납세 의무를 확인 할 수 있습니다.

그러나 간혹 본인이 종합소득세 신고대상인지 알지 못하고 있다가 제때에 신고를 못하는 경우가 발생합니다. 이처럼 기한 후 신고를 할 경우에는 본세에 더해 가산세가 추가됩니다.

이자·배당소득의 경우 무조건 종합소득세 신고 대상에 해당하는 소득을 제외하고는 2천만 원까지는 분리과세로 납세 의무가 종결됩니다. 기타소득의 경우 3백만 원을 기준으로 종합과세 분리과세가 판단됩니다.

사실 세부적으로 들어가면 더 복잡합니다. 세법을 전공하지 않은 일반인들이 이런 예외적인 사항을 모두 파악하고 있기란 쉽지 않습니다.

따라서 사업소득이 없는 경우에도 홈택스 가입을 권해드립니다. 그리고 홈택스에 가입 시 간단한 체크를 통해 자신이 종합소득세 신고 대상에 해당하는지 여부를 휴대폰 문자 등으로 꼭 받아보시길 바랍니다.

종합소득세 신고 안내문을 받은 경우 개인적으로 종합소득세 신고를 하거나 혹은 세무사를 통해 종합소득세 신고를 진행하게 됩니다. 어느 정도 규모가 있는 사업체를 운영하고 있는 개인이라면 개인적으로 신고하는 것이 조금은 어려울 수 있습니다.

그러나 3.3% 원천징수 되는 사업소득과 근로소득이 있는 개인과 같이 종합소득 합산할 소득의 규모나 구조가 단순한 개인이라면 혼자서도 충분히 종합소득세 신고가 가능합니다.

보통 홈택스(https://www.hometax.go.kr)를 통해서 종합소득세 신고를 합니다. 최근에는 국세청에서 운영하는 손택스라는 어플리케이션을 통해서 신고할 수도 있습니다.

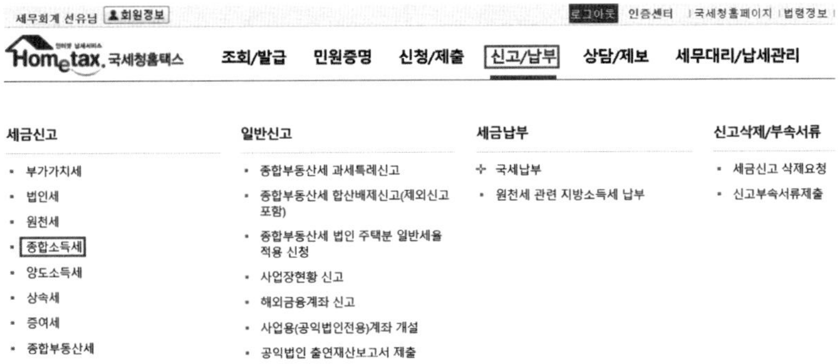

종합소득세 신고 안내문에 보면 본인의 신고 유형이 나옵니다. 해당 유형에 따라 신고서를 작성하시면 됩니다.

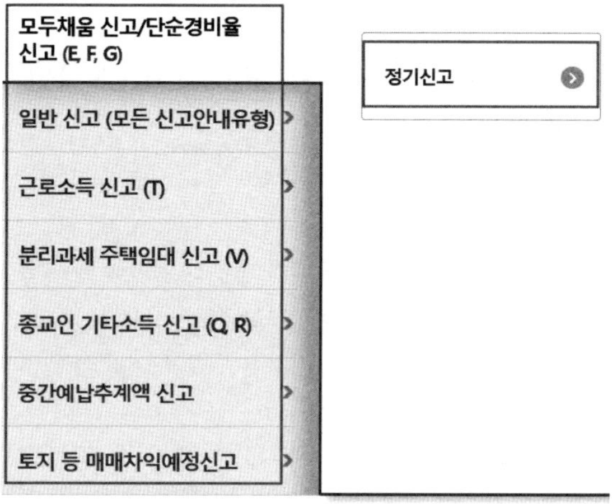
모두채움 신고/단순경비율 신고 (E, F, G)
일반 신고 (모든 신고안내유형)
근로소득 신고 (T)
분리과세 주택임대 신고 (V)
종교인 기타소득 신고 (Q, R)
중간예납추계액 신고
토지 등 매매차익예정신고
정기신고

2. 세무사에게 무조건 기장을 맡겨야 하는 걸까?

앞서 이야기한 것과 같이 종합소득세 신고는 홈택스를 통해 개인적으로 신고가 가능합니다. 심지어 손택스라는 어플리케이션으로 신고가 가능하기도 합니다.

국세청 홈택스에는 개개인의 소득을 파악할 수 있는 자료가 이미 상당 부분 집계되어 있습니다. 이자소득을 지급하는 자가 신고한 이자소득에 대한 원천징수내역처럼 배당소득, 사업소득 등 소득을 지급하는 자가 소득을 지급하면서 이미 원천세라는 명목으로 해당 소득을 받는 자의 소득을 이미 다 밝혔습니다.

이렇게 신고된 소득을 통해 홈택스 등에서 바로 소득 자료를 불러올 수 있습니다. 종합소득세 신고가 개인도 가능할 만큼 손쉬워진 이유입니다. 따라서 장부를 기장해야 할 사업소득이 없거나 사업소득이 있다고 하더라도 사업소득 규모가 작아서 신고대리 비용이 부담스럽다면 개인적으로 신고하는 것도 좋은 방법이 될 수 있다고 생각합니다.

다만 이렇게 소득 자료가 세무서에 잘 집계되는 만큼 탈루나 누락 역시 쉽게 파악이 됩니다. 종합소득세를 과소신고 시 가산세 등 불이익이 있으므로 신고 과정에서 오류나 누락이 없도록 주의하여야 합니다.

또한 종합소득세 신고를 할 때에 각종 공제 규정을 적용받을 수 있습니다. 해당 공제액을 넣을 때는 공제 대상에 해당하는지 면밀하게 살펴볼 필요가 있습니다.

종합소득세 신고 시 적용되는 공제로는 대표적으로 자녀세액공제, 연금계좌세액공제, 특별세액공제, 배당세액공제, 외국납부세액공제, 재해손실세액공제, 기장세액공제, 근로소득세액공제, 정치자금세액공제, 우리사주조합기부금세액공제, 월세세액공제 등이 있습니다.

이 중 특별세액공제에는 보험료세액공제, 의료비세액공제, 교육비세액공제, 기부금세액공제가 있으며 이들 공제는 추가적인 자료가 필요한 경우가 종종 있습니다.

세부적으로 살펴보면 상당히 복잡합니다. 사업의 규모가 커질 것으로 예상되거나 사업 외적으로 많은 신경을 쓰기 싫은 경우 미리미리 기장을 맡기시는 것이 바람직합니다. 처음에 스스로 하다가 나중에 몇 달 치 기장을 세무사에게 맡길 경우 일반적으로 소급 기장료가 청구됩니다. 밀린 기장을 하기 위해 시간을 더 많이 투입해야 하니 당연한 청구입니다.

3. 적자가 나도 종합소득세 신고를 해야 한다

사업 초기에는 이익이 나지 않는 경우가 많습니다. 다른 소득은 없고 사업소득 하나 있는데 그마저 마이너스라면 종종 종합소득세 신고를 하지 않아도 되는 것 아니냐고 생각하시는 분들이 계십니다.

그러나 적자가 나더라도 종합소득세 신고는 꼭 해야 합니다. 세무서에서는 부가가치세 신고 내역을 통해 사업자의 매출액에 대한 정보를 알고 있습니다. 그리고 종합소득세 신고를 제때에 하지 않으면 매출액에 기반해서 추계라는 방법으로 세액을 산정합니다.

여기서 추계란, 장부가 없는 경우에 사업소득금액을 산정하는 방법으로 부가가치세 신고 때 집계된 매출액에 업종별 경비율을 차감한 금액을 사업소득금액으로 임의로 산정하는 것을 말합니다. 실제로는 매출보다 지출이 더 많았음에도 추계로 신고가 들어가면 적자가 발생했는데도 세금을 내야합니다.

게다가 종합소득세 신고를 누락하여 세무서에서 추계로 세금을 고지하는 경우에는 이에 따른 가산세도 함께 붙습니다. 따라서 사업에 적자가 나도 꼭 종합소득세 신고를 해야 합니다.

적자가 발생했을 때 장부를 작성해서 신고하면 다음 연도 세금도 줄일 수 있습니다. 바로 이월결손금이라는 개념 때문입니다. 결손금이란 사업을 하면서 발생한 손실 금액으로 이해할 수 있습니다. 그리고 이렇게 발생한 결손금을 다음 해 이익이 날 경우 이월하여 반영하여 주는데 이렇게 이월되는 결손금을 이월결손금이라고 부릅니다.

장부를 작성하지 않고 추계로 신고하는 경우 또는 추계로 고지 받아 납부하는 경우 이러한 결손금은 절대로 발생할 수 없습니다. 추계의 경우 '수입금액 x (1-경비율)'로 소득이 결정되기 때문입니다.

반면 장부를 작성하는 경우 증빙이 입증되는 적절한 비용에 대해서는 모두 필요경비로 인정하므로 '수입금액-필요경비'로 소득이 결정됩니다. 따라서 장부를 작성 하는 경우에만 사업소득에 대해 결손금을 가질 수 있습니다.

이렇게 발생한 결손금은 무려 10년 동안이나 이월해서 소득이 발생할 때 해당 소득을 차감할 수 있습니다. 그리고 당연히 그만큼 조세부담이 줄어듭니다.

사례를 들어봅시다.

	수입금액	경비	소득금액
기장 O	2,000만 원	3,000만 원	-1,000만 원
기장 X	2,000만 원	2,000만 원 X 80% =1,600만 원	400만 원

장부작성을 했을 경우 소득금액은 마이너스 1,000만 원으로 별도의 세금이 발생하지 않습니다. 그러나 장부작성을 하지 않은 경우에는 400만 원의 소득금액이 발생합니다.

심지어 장부작성을 했을 경우에는 저렇게 발생한 마이너스 1,000만 원은 내년에 발생할 소득금액에서 차감할 수 있습니다. 만약 내년에 1,000만 원보다 적은 소득이 발생한다면 내년에도 또 납부할 세금이 전혀 없게 되는 것입니다.

특히 초기에 많은 지출이 발생하여 큰 적자가 예상되는 사업의 경우에는 적자가 발생한다고 하더라도 장부작성을 하는 것이 훨씬 유리합니다.

4. "혹시 당근?" 플랫폼 거래도 종합소득세 신고를 해야 할까?

당근마켓, 크림 등 개인 간 중고거래를 지향하는 많은 플랫폼들이 등장하고 있습니다.

Q 어디선가 소득이 있는 곳에 세금이 있다는 말을 들은 것 같은데, 세무사님 당근마켓, 크림에서 판매한 소득도 세금 신고를 해야 하는 걸까요?"

A 세금 신고를 해야 하는 경우도 있을 수 있습니다

제가 이렇게 답변 드리면 열에 아홉은 아마 반발하실 것입니다. 주변에서 당근하면서 세금 내는 사람 못 봤다고 말입니다. 맞는 말입니다. 사실 개인 간에 중고거래는 소득세법에서 열거한 소득이 아니기 때문에 과세 대상에 해당하지 않습니다.

하지만 과세 대상인 경우가 있습니다. 일회성으로 거래를 하는 것이 아닌 계속적, 반복적으로 판매를 하는 경우에는 사업소득으로 보기 때문에 과세 대상입니다.

Q 계속적 반복적이라는 게 1년에 몇 번 판매하는 경우를 말하는 겁니까?

A 저도 모릅니다. 명시적으로 1년에 몇 번 거래하면 계속적, 반복적으로 본다는 규정은 없습니다. 사회 통념상으로 사업성이 있다 없다가 기준이 됩니다.

최근 국세청에서는 중고거래 플랫폼을 통한 사업성 있는 거래가 과세 사각지대에 있다는 사실에 주목하여 해당 거래에 대해 과세체계를 갖추기 위해 다 방면으로 노력하고 있습니다.[82)]

Q 아래와 같은 경우에는 과세가 되나요?

- 가게에서 팔다 안 팔리는 물건을 중고 플랫폼을 통해서 저렴하게 대량으로 판매했다.
- 명품의류 등을 대량으로 구입한 다음 가격이 올랐을 때 중고 플랫폼을 통해서 판매했다.

A 추후 과세될 여지가 매우 높습니다. 계속적, 반복적 거래로 보아 사업소득으로 과세될 경우, 사업자등록증을 내지 않은 것에 대한 가산

82) 기획재정부에서 제출한 2022년 세제 개편안에서는 23년 7월 1일부터 국세청장이 고시하는 사업자(중고 플랫폼 등)는 판매, 결제 대행, 중개 자료를 국세청에 의무적으로 제출하도록 하고 있습니다. 개인 간 거래로 위장한 사업자를 잡아내어 탈세를 막기 위함입니다.

세, 부가가치세 신고 누락에 따른 가산세, 종합소득세 신고 누락에 따른 가산세가 함께 도사리고 있습니다.

세무서에서도 무리하게 과세를 하지 않습니다. 사회 통념상 사업성이 있는 정도의 거래인지 곰곰이 생각해보고 사업성이 있는 정도라 생각된다면 꼭 사업자등록을 하고 적시에 적법하게 세금신고를 하시기 바랍니다. 정 어렵다 생각되시면 세무사 사무실에 들러 전문가의 견해를 들어보시는 것도 좋은 방법이 되시리라 생각됩니다.

5. 세무사 기장대리는 언제부터 시작해야 할까?

혼자서 신고하기에는 어렵고 세무사에게 의뢰를 맡기기에는 수수료가 너무 부담스럽습니다. 사업도 영세한데 배보다 배꼽이 더 큰 느낌이 들기도 합니다.

이처럼 아직 영세한 소상공인의 경우에는 신고대리라는 방법을 통해 각종 세금 신고 업무를 맡기기도 합니다. 신고대리? 기장대리? 처음 사업을 시작한 사장님 입장에서는 혼란스러울 수 있습니다.

신고대리는 부가가치세 신고 기간, 종합소득세 신고 기간 등 각종 세금 신고기간에 세금의 신고만 의뢰하는 것을 말합니다. 이 경우에는 실무적으로 매달 수수료를 받는 것이 아니라 신고기간에 해당 신고 세목에 한정해서만 수수료를 받습니다. 아무래도 매달 세무사 수수료를 지불하지 않아도 되기 때문에 영세한 사업자 입장에서는 신고 대리 방법이 매우 유용합니다.

기장대리는 세무사에게 장부작성을 의뢰하는 것입니다. 실무적으로 기장대리를 하는 경우 장부작성만 딱 해주는 것이 아니라 부가가치세, 원천세, 종합소득세 신고까지 세무사가 모두 맡아서 해줍니다. 우리가 일반적으로 월 기장료를 지불하고 세무사에게 의뢰를 맡기는 경우가 바로 이 경우입니다. 기장대리는 신고대리의 업그레이드 버전으로 각종 신고대리도 해주면서 동시에 장부도 작성해주는 것으로 이해하면 될 것 같습니다.

Q 그럼 세무사 수수료를 적게 지불하는 신고대리가 무조건 유리한 것 아닌가요?

A 아닙니다. 매출액이 일정규모 이상인 사업자는 반드시 장부를 작성해야 합니다. 장부를 작성하지 않을 경우 무기장가산세 등 각종 가산세가 추가로 붙습니다.

종합소득세 신고 안내문을 받으시면 간편장부대상자, 복식부기대상자라는 표현이 나옵니다. 보통 창업을 하면 신고대리로 세금 업무를 세무사에게 의뢰하다가 매출액이 일정 규모 이상 성장해서 복식부기대상자가 되는 순간 기장을 의뢰합니다.

복식부기대상자가 되고부터는 신고대리를 의뢰하면 1년 치 장부를 몰아서 작성해야 하기 때문에 수수료가 월 기장만큼이나 많이 발생합니다. 게다가 월 기장을 통해 미리 세금을 관리하였을 때보다 절세 측면에서 불리한 경우도 많습니다. 따라서 복식부기대장자에 해당하면 이제 인연을 맺을 세무사를 찾아나서야 합니다.

또한 직원이 있는 경우에도 기장을 의뢰하시는 것이 좋습니다. 앞서 이야기한 것처럼 직원을 채용할 경우 4대보험 취득, 상실신고, 매달 원천세 신고, 연말정산, 중도퇴사자정산, 퇴직금 등 해야 할 업무가 매우 많아집니다. 세무와 노무를 전문적으로 공부하지 않으신 사업자 입장에서 이런 모든 의무들을 실수 없이 챙기기에는 어려움이 많습니다. 실제로 세무 기장 상담을 요청하시는 많은 분들이 원천세 신고 등을 누락하여 가산세를 혹독하게 지불하고 난 이후입니다.

직원을 채용하실 쯤 기장을 생각해보시는 것도 좋습니다. 요약하면 다음과 같습니다.

*** 세무사 기장을 고민할 시기**

① 매출액 규모가 증가하여 복식부기의무자에 해당하는 경우

② 직원을 채용하여 원천세 신고 등이 필요한 경우

6. 예정고지세액 꼭 납부해야 할까?

5월은 종합소득세 신고 납부의 달이라는 표어를 들어보신 적 있으실 겁니다. 맞습니다. 하지만 5월에만 종합소득세를 납부하지는 않습니다. 실제로 종합소득세는 5월과 11월 두 번 납부를 합니다. (11월에 납부한 세금은 5월 세금 신고 시 기납부세액(이미 납부한 세금)이라고 하여 차감됩니다.)

11월에 납부하는 종합소득세를 예정고지라고 합니다. 직전 과세기간에 납부세액에 50%에 해당하는 금액을 고지서를 받아 납부하게 됩니다.

1년 치 세금을 한 번에 납부하려면 납세자 입장에서 자금 부담이 발생하고 나라 입장에서도 세수가 특정 월에 몰리는 것이 부담스럽기 때문에 예정고지라는 제도를 운영하고 있습니다.

하지만 간혹 이렇게 예정고지를 통해 납부하는 것이 억울한 사업자가 생길 수 있습니다. 직전 과세기간에 비해서 매출액이 많이 줄었을 경우, 직전 과세기간에 50%에 해당하는 금액을 11월에 납부하라고 한다면 매출도 줄었는데 세금도 내야하는 사태가 발생합니다.

그래서 사업의 부진, 휴업 등의 사유로 직전 과세기간의 공급가액

보다 공급가액이 3분의 1에 미달하는 경우에는 고지서를 받아 세금을 납부하는 것이 아니라 5월 달과 같이 신고 납부할 수도 있습니다.

따라서 매출액이 전년도에 비해 많이 줄어드신 사업자라면 11월 고지서를 받고 고통스러워하지 마시고 미리 예정신고를 통해 실제 매출에 맞게 납부세액을 줄이실 수 있습니다.

※ 참고적으로 종합소득세 예정고지 납부 금액이 50만 원에 미달하는 경우에는 예정고지 자체가 없습니다. 혹 11월에 예정고지를 받지 못한 경우라면 납부 금액이 50만 원에 미달하였는지 살펴볼 필요가 있습니다.

코로나와 같은 재난 상황에 빠질 경우 일괄적으로 예정고지를 하지 않기도 합니다.

혹 상기 사유에 해당하지 않음에도 11월 고지를 못 받은 경우라면 홈택스를 통해 조회를 해보거나 세무대리인에게 문의, 혹은 직접 세무서에 전화하여 고지사실, 금액 등을 확인 할 수 있습니다.

7. 납부(징수) 기한을 연장할 수는 없을까?

"어찌어찌 신고는 마무리했는데, 갑자기 지출이 늘어 당장에 세금을 납부하기 어렵습니다. 어떻게 하면 좋을까요?"

사업을 하다 보면 여러 가지 예기치 못한 사태가 발생하곤 합니다. 거래 상대방이 대금 지급을 갑자기 미루는 경우, 천재, 지변으로 큰 지출이 발생한 경우, 질병이나 중상해를 입은 경우 등 열거하자면 한도 끝도 없습니다.

이런 예상치 못한 사태로 당장에 세금을 내기 곤란한 경우에는 세금 납부를 연장할 수 있습니다. 납부기한연장 또는 징수유예 신청을 하면 됩니다. 엄밀하게는 신고기간 이내에 적법하게 신고한 법인세, 소득세, 부가가치세 납부를 미루는 것을 납부기한연장이라고 하고 세무서에서 고지가 나간 세금을 미루는 것을 징수유예라고 합니다. 최근에는 징수유예를 고지분 납부유예라고 표현하기도 합니다.

홈택스 신청/제출 메뉴를 통해 간단하게 신청할 수 있습니다. 분납 가능한 기간은 최대 9개월이고 경우에 따라서는 납세 담보를 제공해야 하는 경우가 있을 수도 있습니다. (일반적으로 유예할 세금이 5천만원을 초과하는 경우)

Hometax. 국세청홈택스
조회/발급
민원증명
신청/제출
신고/납부
상담/제보
세무대리/납세관리
검색
전체메뉴
메뉴펼침 기능해제
전산매체제출
민원신청 처리결과조회
방문접수처리상태조회
주요세무서류신청바로가기
사업용(공익법인용)계좌 개설관리
송달장소(변경) 신고
환급계좌개설(변경)신고
원천징수세액 반기별납부 승인신청
원천징수세액 반기별납부 포기신청
신고기한 연장신청
신고분 납부기한 연장신청
고지분 납부기한등 연장(구.징수유예) 신청
비거주자등의국내원천소득에 대한 소득세(법인세) 납세사실증명
주사업장총괄납부 승인신청
주사업장총괄납부 변경신청
사업자등록간편신청(개인)-주택임대업
사업자등록신청(개인)
사업자등록정정(개인)
공동사업자(대표) 승인하기
공동사업자 저장내역보기
사업자등록신청(법인)
사업자등록정정(법인)
개인
법인
신청업무
휴폐업신고
(휴업자)재개업신고
전자고지(송달) 신청/해지
세법해석(서면질의/사전답변)
불복(과적/이의/심사등)신청
외부위원지원서제출
소비제세(인지세)
소비제세(주세)
면세미납세신청신고
과세자료제출
세금계산서합계표
계산서합계표
과세자료 삭제요청
신종금융상품 중 조세특례적용
연금수령개시및해지명세서
출자지분등변경통지서 제출
중소기업취업자에 대한 소득세감면명세서
파생상품거래내역서
보험금 자료제출
예탁증권 관련 예탁자별 이자.배당소득 지급 실적
가상자산 자료 제출
사업및기타소득
비거주자지급명세서
이자배당및연금계좌
종교인소득 (연말정산용)
복지이음
복지이음 안내
인건비 간편제출
일용근로소득지급명세서
간이지급명세서
사업장제공자 등의 과세자료 제출명세서
본인 소득내역 확인·정정
추가 확인자료 제출안내 명세 조회
근로장려금.자녀장려금신청
간편신청하기
첨부서류제출하기

02

개인사업자 절세의 마지막

1. 지출 증빙은 종합소득세 절세의 시작이다

증빙을 잘 모아두어야 세금을 줄일 수 있다는 건 대부분의 초보 사장님들도 알고 있습니다. 하지만 어떤 증빙을 어떻게 모아두어야 하는지는 헷갈리기만 합니다. 어떤 사장님들은 사업하면서 받은 모든 증빙들을 한 아름 들고 세무사 사무실을 찾기도 하십니다.

물론 아무것도 준비해주지 않으시는 것보다는 훨씬 낫습니다. 그러나 굳이 그렇게 증빙을 힘들게 모아두실 필요는 없습니다.

앞서 홈택스 신용카드 등록하기 방법을 알아본 바 있습니다. 홈택스에 사업용 신용카드를 등록하고 해당 카드를 사용하시면 해당 카드 이용 내역은 홈택스에 집계가 되어 있습니다. 카드사에서 카드이용대금명세서를 세금 신고할 때 요청해도 충분하고요.

전자로 발행하거나 발급받은 세금계산서도 마찬가지입니다. 정리해봅시다. 적격증빙에는 세금계산서, 계산서, 신용카드 전표, 현금영수증이 있습니다. 전자 세금계산서, 전자 계산서는 모두 홈택스에 바로 집계됩니다.

신용카드를 홈택스에 등록했다면 이 역시 마찬가지입니다. 현금영수증을 사업자번호로 발행받았다면 해당 내역도 이미 집계되어 있습니다. 전산이 발달해서 더 이상 바리바리 증빙을 모아 두실 필요가 없어진 것입니다.

다만 놓치기 쉬운 증빙이 있습니다. 해당 증빙은 신고 전에 혹시라도 빠지지 않았는지 확인해보시는 것이 좋습니다.

ㄱ. 종이로 발행하거나 발급받은 세금계산서

대부분은 전자로 발행하거나 발급받기 때문에 종이 세금계산서는 매우 드뭅니다. 다만, 월세의 경우 아직까지도 많은 경우 종이 세금계산서를 발행하는 경우가 있습니다. 음식점업 등에서는 임차료가 전체 비용에서 차지하는 비중이 상당한 만큼 부가가치세, 종합소득세 신고 전 종이로 발행 받은 임차료가 없는지 꼭 한 번 더 살펴보는 것이 좋습니다.

ㄴ. 전기요금, 전화요금, 가스요금 등 지로용지

사업과 관련 없는 상기 요금은 비용 대상이 아닙니다. 하지만 간혹 사업장에서 발생하는 전기요금, 전화요금, 가스요금임에도 사업자등록번호로 변경을 해두지 않는 경우가 종종 있습니다. 해당 지출은 세금계산서는 아니지만 사업자등록번호로 변경할 경우 부가가치세 매입세액 공제는 물론 종합소득세 신고 시 비용처리도 충분히 가능합니다. 따라서 사업과 관련한 비용 중 사업자등록번호로 변경하지 않은 상기 요금이 있는지 점검 해보는 것이 좋습니다.

ㄷ. 간이영수증

원칙적으로 간이영수증은 적격증빙이 아닙니다. 하지만 부득이 신용카드 결제도 불가하고 현금영수증도 받지 못하는 상황이라면 간이영수증이라도 받아 두시는 것이 좋습니다. 적격증빙미수취가산세 2%를 부담하더라도 비용처리 하는 것이 더 유리하기 때문입니다.

적격증빙	세금계산서, 계산서, 신용카드, 현금영수증
비적격증빙	간이영수증, 거래명세표

2. 창업중소기업에 대한 세액공제

새로 사업을 시작하기로 마음먹었다면 창업중소기업에 대한 세액공제를 꼭 검토해보아야 합니다.

창업중소기업에 대한 세액공제는 최초로 소득이 발생한 과세연도와 그 다음 과세연도의 개시일부터 4년 간 100% 또는 50% 세액을 감면해주는 규정입니다. 5년 간 세금을 전액 공제해주거나 또는 반만 내도록 해주는 것입니다.

창업중소기업에 대한 세액공제에 해당한다면 5년은 세금 걱정은 끝입니다. 적자가 아니라면 애써 증빙을 구비할 필요도 없습니다. 그저 열심히 사업을 확장하기만 하면 됩니다.

다만, 이렇게 엄청난 혜택을 주는 만큼 적용 요건 역시 까다롭습니다.

우선, 창업에 해당해야 합니다. 아래의 경우에는 창업으로 보지 않기 때문에 창업중소기업에 대한 세액공제 역시 적용받을 수 없습니다.

ㄱ. 기존에 영위하던 사업을 법인으로 전환하여 새로운 법인을 설립하

는 경우

ㄴ. 폐업 후 사업을 다시 개시하여 폐업전의 사업과 같은 종류의 사업을 하는 경우

ㄷ. 사업을 확장하거나 다른 업종을 추가하는 경우

ㄹ. 합병, 분할, 현물출자 또는 사업의 양수로 종전 사업을 승계하는 경우 등

업종요건도 있습니다.

광업, 제조업, 수도, 하수 및 폐기물의처리, 원료재생업, 건설업 등 창업중소기업에 대한 세액감면 혜택을 볼 수 있는 업종은 정해져 있습니다.

실제로 법령을 뜯어보면 생각보다 복잡하게 느껴질 수 있습니다. 그래도 창업 전 꼭 한번은 검토해볼 것을 권해드립니다. 요건에 해당하기만 한다면 전액 또는 50%라는 엄청난 혜택이 있습니다.

창업 전에 해당 규정을 몰랐다가 지금 알았다고 해도 괜찮습니다. 경정청구(더 낸 세금을 돌려달라고 하는 청구입니다.)를 통해 이미 납부했던 세금을 돌려받을 수 있습니다.

3. 중소기업특별 세액감면

앞서 소개드린 세액공제는 워낙 공제 금액이 크다보니 꼭 검토해 볼 것을 권해드린 공제입니다. 지금 소개드릴 중소기업특별 세액감면은 앞서 소개드린 세액공제 보다는 상대적으로 감면되는 금액이 적습니다. 하지만 대부분의 업종에서 쉽게 감면을 적용받을 수 있기 때문에 소개드리고자 합니다. 감면은 적지만 보다 범용성 있게 적용되는 감면이라고 생각하시면 될 것 같습니다.

ㄱ. 본점 또는 주사무소가 수도권 내에 소재하는 경우

감면업종	감면율
도매업 등	소기업 10%
위 외	소기업 20%

ㄴ. 본점 또는 주사무소가 수도권 외의 지역에 소재하는 경우

감면업종	감면율
도매업 등	소기업 10%(중기업 5%)
위 외	소기업 30%(중기업 15%)

조세특례제한법상 세액공제 세액감면 규정은 조세정책적인 목적에서 만들어진 법입니다. 매년 개정이 잦은 만큼 적용 전에는 꼭 확인 후 적용하셔야 합니다. 또한 상기 공제들은 저마다 적용 요건이 있고 또 신고서 작성에도 상당한 시간이 투입되는 만큼 가능하면 세무사를 통해서 신고를 진행하시는 것이 좋습니다.

일반적으로 기장을 의뢰하고 있는 경우라면 담당 세무사가 알아서 해당 공제, 감면을 적용하여 신고할 겁니다. 간혹 드물게, 담당 세무사가 이러한 공제들이 있는지 모르고 넘어가거나 또는 충분히 검토 없이 신고하는 경우도 있을 수 있습니다.[83] (조세특례제한법상 세액 공제 감면은 수백 가지에 이릅니다.)

제가 기장 계약할 때 초보 사장님들에게 꼭 하는 말이 있습니다.

시쳇말로 "기장료 뽕을 뽑으시려면 저한테 자주자주 전화를 주셔서 계속 물어보셔야 합니다. 기장료에 세무 상담료도 다 포함되어 있습니다." 하고 말이죠. (기장료에 포함되는 서비스 종류는 세무사 사무실 마다 다를 수 있습니다.)

83) 세무업계에 사무장 사무실, 명의대여 사무실이 문제시 되는 이유 중에 하나입니다. 최근에는 지나친 염가 경쟁으로 세무사가 충분히 거래처를 보지 않아 놓치는 경우가 발생하기도 합니다. 기장료를 낮추면 투입 시간을 줄일 수밖에 없습니다. 당연한 이치입니다. 세무대리인을 선정할 때 단순히 기장료 하나만을 놓고 섣부르게 선택해서는 안 되는 이유입니다.

공제가 큰 법령과 자주 쓰이는 법령을 소개드리기는 했지만 사장님들이 셀프로 수많은 공제, 감면을 찾아보고 적용하기란 쉽지 않습니다. 사실상 거의 불가능합니다. 이런 공제, 감면이 있다던데 정도로 들으신 정도로 충분합니다.

담당 세무사에게 "혹시 이러저러한 공제가 있다고 들었는데 혹시 저희 업체도 해당하지 않을까요?" 하고 여쭤보시면 대부분의 경우 검토하여 반영하여 줄 것입니다.

4. 소기업소상공인 공제부금

회사를 다니는 사람들이 퇴직금을 받는 것처럼 사업을 운영하는 사람에게도 일종의 퇴직금을 마련하는 제도가 존재합니다. '노란우산'이라고 알려진 소기업소상공인 공제부금입니다.

노란우산에 가입했을 때 혜택은 단순히 사업자분들의 퇴직금 마련에 끝나지 않습니다. 정부에서는 소기업소상공인 공제부금 가입을 독려하기 위하여 소기업소상공인 공제부금 가입액에 대해서 소득공제 혜택을 두고 있습니다.

소득공제 금액은 소득에 따라 공제부금 납입액에 최대 500만 원에서 200만 원까지 적용받을 수 있습니다. 만약 6%~15% 세율구간에 있는 사업자가 소득공제 한도까지 공제를 받는다면 절세효과는 약 30만 원에서 80만 원입니다. 게다가 지자체에 따라 노란우산공제 가입 장려금을 연 12만 원에서 60만 원 사이로 지급하기도 합니다.

노란우산공제는 목돈 마련과 세제혜택 두 마리 토끼를 한 번에 잡을 수 있으므로 가능하면 꼭 가입하는 것이 좋습니다.

가입조건 또한 간단합니다. 소상공인 대표자에만 해당한다면 개인사업자, 법인 대표자 관계없이 모두 가입할 수 있습니다. 여기서 소상공인이란 광업, 제조업, 건설업, 운송업, 전문서비스업의 경우 상시근로자 수가 50인 미만, 도, 소매업 등의 경우 상시근로자 수가 10인 미만인 사업장을 말합니다.

PART 5

세무사에게 묻는다

사장님들이 궁금한 세금이야기

01 영세 사업자인데도 세무 조사를 받나요?

02 저 3.3% 사업소득자인데요. 얼마 환급될까요?

03 절세단말기가 있다고 들었습니다

04 납부기한을 놓쳤습니다

05 종합소득세 신고 안내문은 어디서 보나요?

06 은행대출을 받으려고 합니다
- 준비서류부터 낮을 이자로 대출받는 방법까지

07 세무사 사무실 어떻게 골라야 하죠?

08 세무사 사무실에서 주민등록 사본을 요구합니다. 왜죠?

수십 수백 명의 사장님들과 이야기를 나누다 보면 공통적으로 듣는 이야기들이 있습니다.
여기서는 사장님들이 잘못알고 있는 세금 상식과 공통적으로 자주 물어오는 질문에 대해 답변 드리려고 합니다.

01

영세 사업자인데도 세무조사를 받나요?

세무조사에는 정기 세무조사와 비정기 세무조사가 있습니다.[84] 요약하면 다음과 같습니다.

1) 정기 세무조사 대상자

① 정기적으로 성실도를 분석한 결과 불성실 혐의가 있다고 인정하는 경우

② 최근 4과세 기간 이상 같은 세목의 세무 조사를 받지 아니한 납세자 중 대통령령으로 정하는 바에 따라 신고 내용에 적정성을 검증할 필요가 있는 경우

84) 국세기본법 제81조의6(세무조사 관할 및 대상자 선정)

③ 무작위추출방식으로 표본조사를 하려는 경우

2) 비정기 세무조사 대상자

① 납세 협력 의무를 이행하지 아니한 경우
② 거래 내용이 사실과 다른 혐의가 있는 경우
③ 구체적 탈세 제보가 있는 경우
④ 신고 내용에 탈루나 오류의 혐의를 인정할 만한 명백한 자료가 있는 경우
⑤ 납세자가 세무공무원에게 직무와 관련하여 금품을 제공하거나 금품 제공을 알선하는 경우

그리고 동법 제5항에는 업종별 수입금액이 대통령령으로 정하는 금액 이하인 사업자나 복식부기 방식으로 장부를 기록 관리하는 등 요건을 충족한 사업자의 경우에는 세무조사를 하지 않을 수 있다고 명시하고 있습니다.

"지금까지 십수년 사업해오면서 주변에서 세무조사 받는다는 이야기를 들어본 적이 없어!"

따라서 이렇게 말씀하는 사장님들의 이야기가 맞을 수도 있는 것

입니다.

정기 세무조사 대상자 선정 기준에 보면 정기적으로 성실도를 분석한 결과 불성실 혐의가 있다고 인정하는 경우에 세무조사를 한다고 명시하고 있습니다. 여기서 성실도를 분석한 결과라는 것은 동종업계에 다른 사업자들과 비교한 결과를 말합니다.

예를 들어, 옷가게를 하는 A, B, C, D, E, F, G 사장님들이 1억 벌 때 세금을 천만 원 냈습니다. Z 사장님도 옷가게를 하시면서 1억을 벌면 누구라도 세금이 천만 원 정도가 나올 것이라고 생각할 겁니다. 하지만 Z 사장님은 세금 신고 납부를 백만 원만 했습니다. 세무서에서는 이 경우 동종업계 다른 사장님들과 비교했을 때 성실하게 세금 신고를 하지 않았을 것으로 추정하고 의심의 눈초리로 보기 시작합니다.

세무사를 통해 세금 신고를 할 때 부가율, 소득율 이야기를 하는 것은 이런 이유에서입니다. 어떤 지출 내용들은 사업과 관련해서 사용한 것처럼 보이기도 하고 또 개인적인 지출로 보이기도 하는 금액들이 있습니다.

예를 들어, 커피를 마신 내역이 있다고 합시다. 회의를 하면서 마셨으면 사업과 관련되어 있습니다. 비용처리에 문제가 없습니다. 하지만 개인적으로 놀면서 마셨다면 사업과 관련이 없습니다. 비용처리가 불가능합니다. 이런 비용은 사실 귀에 걸면 귀걸이 코에 걸면 코걸이입니다. 이때 지금까지 비용이 들어간 금액을 보고 동종업종에 사장님들이 평균적으로 납부한 세금과 비교하여 세무조사 대상에 해당하지 않도록 신고합니다.

물론 실제로 사업에 사용한 비용이라는 것을 입증할 수 있는 자료가 준비되어 있다면 소득율, 부가율 관계없이 비용처리 하여도 전혀 문제되지 않습니다.

실제로 제주도에 거래처 회의 차 방문한 사장님이 사용한 비용을 세무서에서 가사관련경비로 보아 부인하려던 것을 사장님께서 제주도 업무 일지, 회의기록, 실제 회의 사진 자료 등으로 인정받은 케이스가 있습니다.

주의하셔야 할 사항이 있습니다. 이처럼 영세 사업자가 주의를 해서 신고를 한다면 세무조사 가능성은 상대적으로 낮습니다. 그러다 보니 가공경비를 넣는 일이 비일비재하게 발생하고 있습니다. 실제로 업무와 관련하여 지출한 금액이 동종업계 사장님들 보다 적은 경우에 있지도 않은 비용을 만들어서 세금 신고를 하는 것입니다.

어떤 세무사는 세무조사에 걸리지 않게 가공경비를 잘 넣어주는 것이 세무사의 능력이라고 공공연하게 말을 하기도 합니다. 심지어 블로그 등에 대놓고 현금 매출 등은 세무사와 상의 하에 적정하게 신고하는 것이 좋다고 광고하기도 합니다. 블로그 검색만 해봐도 대놓고 탈세 광고를 하는 업체들이 보이는데 세무서에서 정말 모를까 싶을 정도이기도 합니다.

당장에는 세금이 줄어들어 좋을 수 있습니다. 하지만 거기까지입니다. 얼마 전에는 가공경비를 넣어 신고해오던 세무사 사무실이 적발되어 해당 세무사를 통해 신고해온 납세자들이 많게는 40%에 달하는 가산세를 부담하기도 했습니다.

조사대상자로 선정될 가능성이 '적다'이지 선정될 가능성이 '없다'가 아닙니다. 가공경비 등으로 인한 책임은 오롯이 사장님에게 있습니다.

02

저 3.3% 사업소득자인데요. 얼마 환급될까요?

소득을 지급받으면서 3.3% 세금을 떼고 소득을 받는 프리랜서들이 있습니다. 인적용역으로 사업소득에 해당하기 때문에 이분들도 사업자로 볼 수 있습니다.

최근 모 업체에서 3.3% 사업자들이 신고만 하면 환급이 된다는 것처럼 대대적인 광고를 했습니다. 덕분에 5월 달 내내 "5월은 종합소득세 신고 납부의 날이지 종합소득세 신고 환급의 날이 아닙니다."라는 이야기를 입에 달고 살았습니다.

왜냐하면 정말 많은 사람들이 세무사 사무실에 전화를 주셔서 "제가 사업소득(3.3%)이 얼마 있는데 얼마 환급해줄 수 있나요?" 라고 문의를 주셨기 때문입니다. 심지어 어떤 분들은 "XX어플에서는 환급을 얼마 해준다고 하는데 세무사님은 얼마까지 해주실 수 있나요?",

"OO 세무사님은 제 수입금액이면 얼마까지 환급해주신다고 하셨는데 세무사님은 얼마까지 해주실 수 있나요?" 하고 묻기도 했습니다.

해당 어플에서 환급을 해준다고 조회해준 금액은 다른 게 아닙니다. 만약에 967,000원을 프리랜서 급여로 받으셨다면 국세청에 사업소득으로는 1,000,000원, 원천세로는 국세, 지방세 합쳐 33,000원이 신고 납부된 상태입니다. 소득을 지급하는 자가 여러분들에게 소득을 지급하기 전에 여러분을 대신해서 33,000원 미리 납부했던 세금이 있다는 내용입니다.

사업소득 금액이 적다면 인적공제 등을 빼서 대부분 미리 납부한 세금을 모두 환급받을 수 있습니다. 하지만 사업소득 등이 크다면 각종 공제를 빼고 오히려 납부세액이 나올 수도 있습니다. 특히 수입금액이 일정금액을 넘어 장부작성 대상에 해당하는 경우 그렇습니다. 환급이 나올지 납부가 나올지는 사업과 관련하여 사용한 경비를 알아야 알 수 있습니다.

사업소득금액이 일정 금액을 초과하는데, 아무런 증빙도 보지 않고 수입금액만 보고 환급을 얼마 맞춰주겠다? 매우 용한 무당이거나 가공경비를 맞춰서 넣어주겠다는 것일 수 있습니다. 세금은 재래시장에서 물건 흥정하듯 세무사랑 흥정해서 신고하는 금액이 아닙니다.

※ 명의대여 사무실과 사무장 사무실이라는 곳이 존재합니다.

일반적으로 세무사 자격 취득 후 세무사는 수습세무사 6개월, 근무세무사 2~5년, 그리고 개업 세무사로서 일을 한 뒤 은퇴를 맞이합니다. 간혹 해당 사이클에서 이탈하는 경우가 발생하는데, 이때 명의대여의 유혹이 발생합니다. 막 수습을 마친 세무사에게, 근무세무사에서 개업을 망설이는 세무사에게, 은퇴 후 자신이 더 이상 업무를 할 수 없는 상황에서 검은 유혹이 다가오는 것이지요.

과정이야 어떻든 명의대여 사무실은 세무사가 명의를 빌려주고 자격이 없는 이가 세무대리 업무를 하는 경우를 말합니다. 그리고 이런 명의대여 사무실은 각종 문제를 야기합니다. 남의 명의로 일을 하니 책임 있게 일을 할리 없습니다.

얼마까지 환급금을 맞춰서 해드린다고요? 나중에 문제가 생겼을 때도 책임져 드릴까요?

사무장 사무실 역시 마찬가지입니다. 당장에 작은 금전적 이득에 현혹되지 않으시길 바랍니다.

여담으로 세무사들이 타 자격사에 의한 세무대리를 반대하는 이유 중 하나가 명의대여 사무실 때문입니다. 세무사는 수습세무사, 근무세무사 기간 동안 수많은 거래처들의 장부를 직접 작성하여 봅니다. 회계처리부터 세무조정, 신고서 작성, 세무컨설팅까지 일련의 모든 사이클을 반복적으로 경험하는 것입니다. 회계처리가 되어야 세무조정이 가능하고 그러기 위해서는 세법만 알아서 될 것이 아니라 회계를 알아야 합니다.

쟁점이 되었던 자격사가 세법을 공부하였다고(그것도 선택과목으로 2% 내외 선택) 세무대리를 가능토록 한다면 명의대여 사무실이 우후죽순 늘어날 것이 자명합니다.[85]

명의대여 사무실과 겪은 일화도 있습니다. 세무사를 바꾸시겠다고 전화가 오셨는데, 이전 세무사는 전주에 계시고 사무실은 강남에 있었습니다. 전화를 드렸더니 해당 법인이 자기거래처인줄도 모르고 계셨습니다. 기장 데이터를 받아내기까지 두 달이 걸렸습니다. 그리고 무시무시한 기장 데이터를 받았습니다. 신고서의 앞뒤 숫자가 하나도 맞지 않더군요.

단순히 기장료가 저렴하다고, 또 단순히 듣기 좋은 말만 해준다고 확인도 하지 않고 덜컹 기장계약을 하신다면 기장 데이터 인질극을 경험하실 수도 있습니다. 가산세는 덤입니다.

---

85) 개인적인 의견으로 정말로 쟁점 자격사의 직역을 세무사업으로까지 넓히고 싶다면, 세법을 공부한 쟁점 자격사가 재무회계, 세무회계를 모두 공부하고, 또 일반적인 세무사 사이클을 모두 거쳐(수습세무사, 근무세무사) 충분한 능력을 갖춘 후, 조세쟁송까지 함께하는 경우라면 납세자의 권익을 보호하고 납세의무를 성실하게 이행하게 하는 데에 이바지할 수 있을 것으로 보여 허용하여도 된다고 생각합니다.

03

절세단말기가 있다고 들었습니다

비대면 거래가 늘어나고, 신용카드를 통한 거래가 일상화되다 보니 절세단말기라는 것이 등장했습니다. 해당 단말기로 결제하면 카드 매출로 잡히지 않는다거나, 무슨 법에 의한 합법적인 절세수단이라고 광고합니다. 사장님들이 잘 속아 넘어가지 않으니 분리매출을 통한 세율구간 하락이라고 홍보하기도 합니다.

절세가 아니라 탈세입니다.

미등록 결제대행업체가 자신들의 기기를 사용하도록 하고 해당 기기에서 발생한 매출을 국세청에 제출하지 않는 방식으로 탈세를 조장하고 있는 것입니다. 22년 11월 국세청은 상기와 같은 탈세 행위에 대해 대대적으로 점검 하겠다 보도하기도 하였습니다.

이런 종류의 탈세 광고는 과거부터 있었습니다. 전통적으로 부가가치세 매입증빙을 만들어준다는 것이 대표적입니다. 최근에는 절세 단말기라는 형태로 등장한 것입니다. 다 같은 형태입니다.

04

납부기한을 놓쳤습니다

부가가치세, 종합소득세, 원천세 납부해야할 세금이 어찌나 많은지, 제때제때 챙겨서 내기란 쉽지 않습니다. 딱 하루 늦었을 뿐인데 기존에 받았던 납부서로는 납부가 안 됩니다. 신고는 기간에 맞췄으나 납부를 깜박한 경우 어떻게 해야 할까요?

1) 세무사 사무실에 기장 또는 신고대리를 진행한 경우

이 경우는 매우 간단합니다. 세무사 사무실에 연락하여 납부서를 다시 달라고 하면 됩니다. 대부분 세금은 납부기간이 지날 경우 가산세가 일단위로 붙어 납부서 역시 납부일자에 맞춰 제작되어야 합니다. 따라서 세무사 사무실에 납부서를 요청할 때 언제까지 납부할 예정인지 미리 알려주시면 더 좋습니다.

2) 세무사를 통하지 않고 신고를 한 경우

① 관할 세무서 담당자를 찾아 납부서를 요청

주의할 것이 있습니다. 원천세 등 지방세도 함께 있는 세금의 경우 꼭 잊지 말고 별도로 요청하셔야 합니다.

② 홈택스에서 납부서를 출력하는 방법

[홈택스 로그인 ⇨ 신고/납부 ⇨ 국세납부 ⇨ 자진납부]에서 납부서를 출력할 수 있습니다. 조심해야 할 부분이 있습니다. 앞서 말씀드렸던 것과 같이 대부분의 세금은 단 하루라도 납기를 놓치면 가산세가 붙습니다. 홈택스를 통해 납부서를 만들어 출력하는 경우 꼭 납부지연에 따른 가산세를 계산하여 추가하여야 합니다.

절차는 생각보다 간단합니다. 하지만 실제로 납부서를 만들거나 받아보는 것은 생각보다 번거로운 작업입니다. 관할 세무서 담당자를 찾아 전화를 하는 방법은 담당자 찾기도 번거롭지만, 신고기간 전후로는 통화를 원하는 납세자들이 많다보니 담당자와 통화 연결하기가 쉽지도 않습니다. 홈택스를 통해 납부서를 제작하는 방법 역시 마찬가지입니다.

납기를 놓치면 가산세가 있고, 또 생각보다 번거로운 과정이 있는 만큼 가능하면 꼭 납기를 지켜주시기 바랍니다.

05

종합소득세 신고 안내문은 어디서 보나요?

종합소득세 신고를 위해서는 종합소득세 신고 안내문이 필수입니다. 종합소득세 신고 안내문에는 납세자별로 신고 유형이 나와 있고 신고 유형에 따라 신고 방법이 달라지기 때문입니다. 그래서 기장대리를 하든 신고대리를 하든 종합소득세 신고를 의뢰하면 항상 제일 1순위로 요청하는 자료가 종합소득세 신고 안내문입니다.

종합소득세 신고 안내문은 원칙적으로는 우편으로 발송됩니다. 하지만 우편으로 발송 받는 종합소득세 신고 안내문은 사실 잘 전달이 되지 않는 것 같습니다. 종합소득세 신고 기간에 이제 막 사업을 시작한 사장님들에게 제일 많이 받는 질문이 "저는 신고 안내문 같은 건 받은 적 없는데요?"인 걸 보면 말입니다. 최근에는 이런 사정을 반영하여 카카오톡으로 종합소득세 신고 안내문을 보내주기도 합니다.

하지만 여전히 못 받은 분들이 생기기 마련입니다. 이 경우에는 또 홈택스를 이용합니다. (사업을 하시면 홈택스 가입은 선택이 아니라 필수입니다.)

[홈택스 로그인 ⇨ My 홈택스 ⇨ 우편물 전자고지 송달장소]에서 우편물 발송내역 조회를 보면 지금까지 받은 우편물 발송내역들을 확인해 볼 수 있습니다.

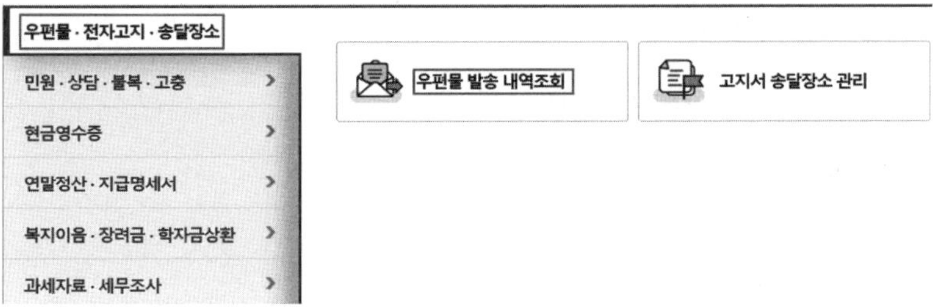

06

은행대출을 받으려고 합니다

– 준비서류부터 낮은 이자로 대출받는 방법까지

사업을 하다보면 은행대출을 받을 일이 많이 발생합니다. 대출을 받기 위해 은행을 방문하면 이것저것 많은 서류들을 요청합니다. 은행마다 사업자 대출을 위해 필요한 서류에는 약간에 차이가 있습니다. 일반적으로는 아래와 같습니다.

1. 사업자등록증명
2. 국세완납증명
3. 부가가치세 과세표준증명
4. 재무상태표, 손익계산서

대출 과정에서 상기 자료 등이 필요한 경우 기장대리를 진행하고 있다면 해당 세무사 사무실에 "대출목적으로 이러저러한 자료가 필요합니다." 하고 요청하시면 됩니다. 워낙 빈번하게 발생하는 자료 요청이라 대부분의 세무사 사무실에서 바로 알아듣고 준비해주실 겁니다.

계약하고 있는 세무사가 없다면 셀프로 자료들을 준비해주셔야 합니다. 사실 그렇게 어렵지 않습니다. 홈택스에 민원증명에 들어가시면 상기 자료들을 손쉽게 출력할 수 있습니다. 재무상태표나 손익계산서의 경우 종합소득세 신고 시 작성했던 내역을 찾아 보내드리면 됩니다.

대출관련 서류를 준비하는 데 이슈가 생기는 부분은 주로 부가가치세 과세표준증명과 재무상태표, 손익계산서 부분입니다. 부가가치세 과세표준증명은 부가가치세를 신고한 이후에 생성되는 서류입니다. 그러다보니 아직 사업을 시작한지 얼마 되지 않아 부가가치세 신고를 진행하지 않은 경우라면 해당 증명서류를 발급받을 수 없습니다.

사업을 하기 위해서 대출이 필요한데 사업을 해야 나오는 증명서가 없어 대출을 받을 수 없다면 너무 억울하겠죠.(수습세무사 시절에 저도 해결 방법을 모르고 대출 담당자분도 아직 업무에 익숙하지 않으신 분이어서 한참을 고생했던 기억이 있습니다.) 대체 서류가 있습니다. 은행 대출 담당자에게 업체 사정을 이야기하고 매출처별세금계산서 합계표 등의 자료로 갈음해줄 것을 요청하시면 쉽게 해결할 수 있습니다.

비단 은행대출에만 국한되는 내용은 아닙니다. 정부지원금 등을 받는 경우에도 업체 사정에 따라 준비할 수 없는 서류들이 존재할 수 있습니다. 그럴 때는 당황하지마시고 서류를 요청하는 주체가 해당 서류를 통해 무엇을 확인하고자 하는지 파악하신 후 대체할 수 있는 서류를 제시하여 주면 쉽게 해결이 가능합니다.

※ 신용보증기금에서는 예비창업보증, 신생기업보증, 창업초기보증, 창업성장보증, 유망청년창업기업보증 등 각종 보증 업무를 진행하고 있습니다. 해당 보증을 이용하면 대출 담보가 부족한 경우에 해

당 보증을 통해 신규 대출을 일으킬 수 있습니다. 더불어 신용보증서 대출에 대해서는 일반적으로 은행권에서 우대 금리를 적용하여 주기 때문에 대출 비용을 절감할 수 있다는 장점도 있습니다.

※ 지자체 단계에서 중소기업 창업지원센터를 운영하고 있습니다. 지역 구청 홈페이지에 중소기업 창업지원센터를 찾아보면 해당 지자체에서 자체적으로 실시하는 각종 혜택들을 확인해 볼 수 있습니다.

07

세무사 사무실 어떻게 골라야 하죠?

직접 신고가 아닌 세무사 사무실을 찾아 의뢰를 맡기기로 결심했다면 이제는 세무사 사무실을 잘 찾는 방법을 알아볼 차례입니다.

세무사 사무실을 찾는 유형을 나눠보면 대개 아래와 같습니다.

① 사무실, 집 근처 세무사 사무실에 의뢰하는 유형
② 친인척, 지인 등 아는 세무사 사무실에 의뢰하는 유형
③ 다른 사장님의 추천

근처 세무사 사무실을 찾는 것은 아무래도 편의성, 신뢰성 때문일 것입니다. 옛날부터 사업을 했던 사장님들이 주로 선호하는 방법 중에 하나입니다. 문제가 생기면 세무사 얼굴을 직접 대면해서 이야기

를 나누고 서류를 가져다 줄 일이 있으면 직접 방문해서 주시곤 합니다. 나쁘지 않습니다. 근처 여러 세무사 사무실들을 방문해서 세무사와 직접 이야기를 나눠보고 세무사를 선택할 수 있다는 장점이 있습니다. 명의대여 사무실이나 사무장 사무실을 피할 수 있다는 것도 좋은 점입니다.

하지만 굳이 근처 세무사를 고집하실 필요는 없습니다. 최근에는 대부분의 증빙자료들이 전산으로 오고가기 때문에 사실상 세무사 사무실을 방문할 일이 없습니다. 제 기장거래처 사장님들 중 절반은 사실 얼굴 한번 뵙지 못한 분들입니다. (전국팔도에 흩어져 계십니다.)

다음으로 친인척, 지인 등 아는 세무사 사무실에 의뢰하는 경우입니다. 개인적으로 추천 드리지 않습니다. 세무, 회계 업무 특성상 사장님의 소득, 카드사용내역 등 살림살이를 알고 싶지 않아도 알게 됩니다. 의도치 않게 불편해질 수 있습니다.

세무사나 사장님들 중에는 사적으로 자리를 가지면서 서로 친분을 높여 나가는 것을 선호하기도 합니다. 하지만 개인적으로는 약간의 거리를 두고 업무를 보는 것을 선호하고 있습니다. 사업체에 세무적으로 문제가 될 부분을 세무사가 눈감아 준다고 해서 조사관이 눈감아 주지는 않습니다. 사적인 관계에 영향을 줄까 두려워 리스크를 안내하지 않고 넘어가거나 묻어버리는 경우도 생길 수도 있습니다. 숫자는 숫자로만 보고 사업은 냉철하게 하는 것이 좋다고 생각합니다.

직원에게 세무사 사무실을 알아보라고 하는 것은 좋지 않습니다. 본인과 잘 놀아줄 세무사를 찾아, 접대비 명목으로 매 신고기간마다 흥청망청 사용하는 경우가 생깁니다. (실제로 경리담당이 매 신고기간 마다 굳이굳이 오셔서 비싼 밥 사주시고 가시는 경우가 있습니다.) 조금은 불편하시겠지만 세무사 사무실은 사장님이 직접 찾아보시는 것이 좋습니다.

마지막으로 다른 사장님들이 추천을 해주시는 경우입니다.

이미 입증된 세무사이기 때문에 실패할 확률이 적습니다. 다만 추천을 받으실 때 조심할 부분이 있습니다. "거기 세무사한테 맡겼더니 이전에 얼마 세금이 나왔었는데 세금이 얼마로 줄었더라." 하는 추천은 별로 좋지 않습니다. 무리하게 세금을 줄이기 위해 가공경비 등을 넣는 세무사일 수도 있습니다.

예전에 모 세무사님이 자랑스럽게, "세무사 영업 뭐 별거 있나. 가공경비 팍팍 넣어주면 되지" 하고 젊은 세무사들에게 말씀하신 것을 들은 적 있습니다. 큰일 납니다.

가공경비는 마약과 같습니다. 과거에 어떤 사장님이 세무사를 바꿔 저에게 오신 적이 있습니다. 데이터를 열어보니 연말에 덩그러니 경비 8천이 딱 하고 버티고 있었습니다. 아무것도 없습니다. 그냥 장부에 밑도 끝도 없는 경비 8천이 있습니다. 적요란에는 당차게 가공경비라고 적어두기까지 하셨습니다. 사장님께 이야기 드리니 사장님은 지금까지 이전 세무사 사무실에서 가공경비를 넣어 세금을 줄여왔다는 사실 자체를 모르고 계셨습니다. 가공경비를 8천씩 꾸준히 넣어오던 사장님이 가공경비 없이 세금 신고를 하면 체감하는 납부세액이 엄청납니다. 이전 세무사 사무실에서 적용해주지 않았던 각종 세액공제를 적용하여 드리기로 하였으나 결국 사장님은 다시 다른 세무사를 찾아 떠나가셨습니다. 한번 가공경비에 맛을 보면 세무조사를 받아 모두 토해낼 때까지 헤어 나오기 쉽지 않습니다.

추천을 받는다면 여기 세무사에게 맡겼더니 "모르는 걸 물어봤을 때 답변도 잘해주시고 상담도 친절하게 잘해주시더라." 혹은 "이전 세무사님이 이러저러한 세액공제를 빠트려서 세금이 많이 나왔었는데, 여기 세무사님은 세액공제, 감면을 알아서 잘 찾아주셔서 세금이 많이 줄어들었다." 와 같은 추천이 좋습니다.

특정 업종을 전문으로 하는 세무사를 찾는 것도 좋습니다.

사실 전문성을 요할 정도로 특이한 업종은 병의원, 건설업, 영리사업을 겸하는 비영리단체, 수출입업체 정도라 생각됩니다. 이런 업종들은 회계처리에 난이도가 있기 때문에 잘 아는 세무사에게 맡기는 것이 좋습니다. 수습세무사나 근무세무사 때 해당 업종을 다루지 않아보고 개업을 해서 해당 업종을 처음하게 되면 사장님의 업체가 실험체가 될 수 있습니다. 그 외 업종이라면 굳이 전문 세무사를 찾으실 필요는 없습니다.

세무사 경력을 살펴보는 것도 필요합니다.

사업체 규모가 크지 않다면, 굳이 너무 화려한 경력에 세무사를 찾을 필요는 없습니다. 어마어마한 경력의 세무사라면 작은 기장거래처를 직접 살피지 않을 수 있습니다. (무조건 그렇다는 것은 아닙니다.)

수수료도 고려해보셔야 합니다.

제조업체라면 원재료를 구입해 와서 가공한 다음 판매를 하는 구조입니다. 하지만 세무사 사무실의 원재료는 세무사가 전부라 해도 과언이 아닙니다. 물건을 많이 만들기 위해선 제조업체라면 원재료를 많이 사올 수 있습니다. 그러나 세무사 시간을 늘릴 수는 없습니다. 세무사라고 하루가 48시간인 것은 아니잖습니까. 결국 수수료가 낮다는 것은 한 업체에 투입할 수 있는 시간이 상대적으로 낮다는 것을 의미합니다. 지나치게 낮은 수수료를 제시하는 세무사 사무실은 해당 업체에서 받을 수 있는 세무 서비스의 질도 낮아질 수 있다는 것을 염두에 두셔야 합니다.

잘하는 세무사 못하는 세무사를 단번에 알아내기란 쉽지 않습니다. 세무조사를 받아 장부를 열어보기 전까지는 통기장(뭉뚱그려서 회계

처리)을 했는지 정상적으로 기장을 했는지도 알 수 없습니다. 친절하게 다방면 절세 방법을 알려주는 세무사인지도 마찬가지입니다.

제가 지금까지 알려드린 내용들을 바탕으로 혹은 추가적으로 알 수 있는 평가 지표가 있다면 해당 지표까지 포함하여 신중히 세무사를 선택하기를 바랍니다.

08

세무사 사무실에서 주민등록 사본을 요구합니다. 왜죠?

부가가치세, 종합소득세 신고대리를 의뢰하시거나 기장대리를 맡기는 경우 세무사 사무실에서 개인정보를 요구합니다. 일반적으로 다음의 서류는 공통적으로 요청하는 자료입니다.

ㄱ. 사업자등록증

ㄴ. 사장님 신분증 사본

ㄷ. 홈택스 아이디/비밀번호

사업자등록증까지는 괜찮은데 신분증 사본을 달라고 하면 꺼려하십니다. 간혹 주민번호 뒷자리는 가리고 제출해주시는 분도 계십니다. 세무사 사무실에서 내 주민번호 뒷자리는 왜 알려고 하냐고

하시기도 합니다. 특히나 요즘에는 사무실과 거리가 먼 지방에서 기장대리를 의뢰주시기도 하시기 때문에 더욱 이런 경우가 발생하곤 합니다.

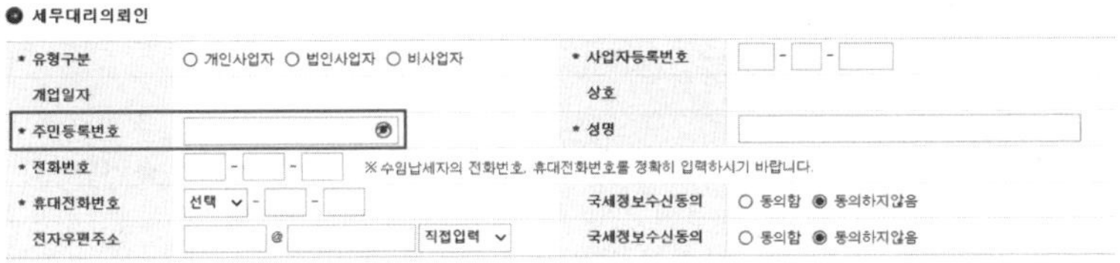

홈택스에 세무대리의뢰인으로 등록하기 위해서는 상기 자료가 필요합니다. 세무대리를 하다 보면 작성해야할 신고서에 각종 부분에 의뢰인에 주민등록번호가 들어가기 때문에 필수적입니다.

"홈택스 아이디/비밀번호는 왜 달라고 하는거죠?"

비밀번호를 남에게 알린다는 것이 찜찜한 것은 충분히 이해하고 있습니다. 다만 그래도 세무대리인에게는 알려주셔야 합니다.

사장님이 사업용카드로 등록한 내역을 세무대리인이 스크래핑해서 조회해봅니다. 그리고 해당 사용 내역 중에서 부가가치세법에 따라 매입세액공제가 되는 것과 매입세액공제가 불가능한 것을 구분하여 회계처리 합니다.

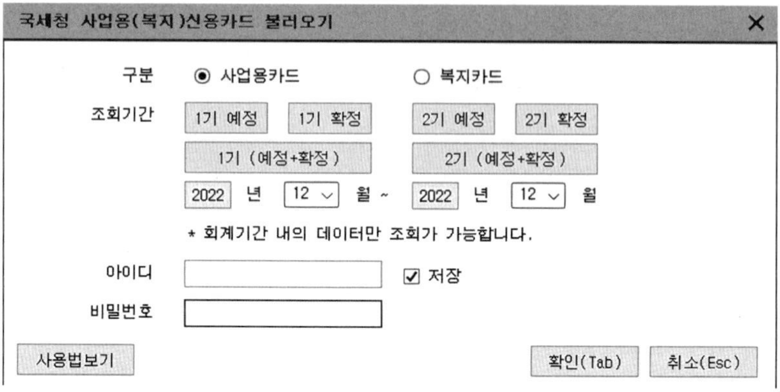

이러한 조회가 아무나 가능하면 큰일이겠지요.

그래서 사장님께서 아이디/비밀번호를 '알려준' 세무대리인만 가능합니다.

실제로 의문을 제기하시는 사장님들에게 저렇게 스크린샷을 해서 보여드리면 마음을 여시는 것 같았습니다. 세무대리 계약서에 고객정보에 관한 부분도 한 번 더 보여드리고요. 세무대리인에게는 알려주셔도 괜찮은 정보입니다. 걱정하지 않으셔도 됩니다.

성공한 사람들은 이미 다 아는

세금 이야기

초판 발행 2023년 3월 7일

지은이 천정현, 전송희
기 획 세무회계 선유
펴낸이 방성열
펴낸곳 다산글방

출판등록 제313-2003-00328호
주소 서울특별시 마포구 동교로 36
전화 02-338-3630 070-8288-2072
팩스 02-338-3690 02-6442-0292
이메일 dasanpublish@daum.net
iebookblog@naver.com
홈페이지 www.iebook.co.kr

© 천정현, 전송희 2023, Printed in Korea

ISBN 979-11-6078-268-4 13320

* 이 책은 저작권법에 의해 보호받는 저작물이며, 저자와 출판사의 서면 허락 없이 내용의 전부 또는 일부를 인용하거나 발췌하는 것을 금합니다.
* 제본, 인쇄가 잘못되거나 파손된 책은 구입하신 곳에서 교환해 드립니다.
* 책값은 뒤표지에 있습니다.